LE GRAND LIVRE DES CORGIS

David **Anderson**

Données de publication

David Anderson

Le grand livre des Corgis – Première édition.

Résumé : Élever avec succès un Corgi du chiot jusqu'à la vieillesse – Fournie par l'éditeur.

ISBN: 978-1-961846-91-3

[1.Corgis – Documentaire] I. Titre.

Ce livre a été rédigé dans le but de fournir des informations précises et fiables concernant le sujet traité. Bien que toutes les précautions raisonnables aient été prises lors de sa préparation, l'auteur et l'éditeur déclinent expressément toute responsabilité pour les erreurs, omissions ou effets indésirables résultant de l'utilisation des informations contenues. Les techniques et suggestions doivent être utilisées à la discrétion du lecteur et ne remplacent pas les soins vétérinaires professionnels. Si vous soupçonnez un problème médical avec votre chien, consultez votre vétérinaire.

Conception par Sorin Rădulescu
Première édition française, 2025

TABLE DES MATIÈRES

Introduction

Les Corgis sont de petits chiens très attachants et intelligents qui possèdent la personnalité généralement associée aux canidés de plus grande taille. Ils font d'excellents chiens de garde et sont des compagnons remarquables. Avec une physionomie qui leur est propre, on comprend aisément pourquoi tant de propriétaires emmènent leurs Corgis dans de nombreux endroits différents. Les Corgis les plus célèbres sont sans doute ceux qui accompagnaient presque partout la Reine d'Angleterre ; une raison de plus expliquant pourquoi ces chiens sont si populaires et constituent une race si reconnue.

Ces chiens ont été élevés à l'origine au Pays de Galles au fil des siècles pour devenir d'excellents chiens de berger, ce qui explique leur intelligence et leur robustesse. C'est également la raison pour laquelle ils sont relativement faciles à éduquer – ils sont incroyablement fidèles et adorent être avec leur meute.

Il existe deux types de Corgis : le Pembroke, populaire et joueur, et le Cardigan, digne et sociable. Ils partagent bien plus de traits communs que de différences, mais ces différences sont suffisamment marquées pour que vous puissiez généralement déterminer à quel type appartient un Corgi en le regardant. Cependant, leurs personnalités sont un peu plus distinctes, il est donc important de savoir quel type sera le compagnon le plus adapté à votre mode de vie.

Quel que soit le Corgi que vous choisissez, vous aurez un fantastique petit compagnon qui sera tout aussi enthousiaste que vous à l'idée d'essayer de nouvelles choses.

Les Corgis sont petits et compacts, et avec leur intelligence, ils peuvent accéder à de nombreux endroits que vous préféreriez leur interdire. Même un Corgi bien éduqué fera des bêtises de temps en temps. Vous apprendrez à garder la nourriture hors de leur portée. Il est également important de surveiller leur apport calorique. C'est relativement plus facile à faire que vous ne pourriez le penser car ils ont un niveau d'énergie assez élevé (bien que certains Corgis soient plus calmes). Bien que vous puissiez dépenser la majeure partie de l'énergie de votre Corgi avec quelques longues promenades ou beaucoup de jeux d'intérieur, des randonnées plus longues seront bénéfiques car elles maintiendront votre compagnon en forme.

Les Corgis peuvent être très amusants tant que vous leur faites comprendre que vous êtes le chef de meute. Si vous êtes cohérent dans l'éducation et les soins, votre Corgi acceptera probablement sans problème que vous soyez à la tête de la meute. Cela ne signifie pas que votre compagnon n'essaiera pas de faire des bêtises, mais ce penchant pour les facéties fait partie de ce qui rend les Corgis si adorables et si faciles à aimer.

CHAPITRE 1

Descriptions et caractéristiques

Distinctives

Il y a très peu de chances de confondre un Corgi avec une autre race une fois que vous en avez vu quelques-uns. C'est un chien court et trapu, similaire au Basset Hound, mais avec des oreilles très distinctives (comme des antennes paraboliques) et des traits faciaux rappelant ceux du renard.

Ce sont de petits chiens, mais ils possèdent une personnalité et une intelligence remarquables malgré ce petit gabarit. Les Corgis sont très intelligents et ils ne manquent pas de vous le faire savoir. Ce sont des compagnons extraordinaires, faciles à emmener en déplacement puisqu'ils n'ont pas besoin de beaucoup d'espace.

Crédit photo :
Kandace Wilkens

Pembroke ou Cardigan ?

Un Corgi ressemble à un Corgi, qu'il s'agisse du très populaire Pembroke Welsh Corgi ou du plus raffiné Cardigan Welsh Corgi. Ils ont beaucoup plus de caractéristiques physiques en commun que de différences, mais vous pouvez généralement déterminer de quel type il s'agit en observant la couleur et quelques autres traits.

Apparence

Malgré leur petite taille, les Corgis sont considérés comme des chiens de taille moyenne car ils sont très robustes et plutôt longs de corps. Ils mesurent généralement entre 25 et 30 centimètres de hauteur et pèsent entre 9 et 18 kilogrammes. Lorsque vous regardez leur tête et leur corps, on dirait que leurs pattes n'ont simplement pas grandi proportionnellement au reste de leur corps. Ils ont un magnifique pelage qui se décline en plusieurs couleurs différentes :

- Noir
- Fauve et noir
- Bringé
- Gris
- Bleu moucheté
- Rouge

Outre leur taille et leur pelage, les Corgis possèdent deux caractéristiques très reconnaissables – de grandes oreilles dressées et un visage de renard. Leurs oreilles sont généralement bien droites, et les Corgis entendent exceptionnellement bien grâce à elles (c'est l'une des raisons pour lesquelles ils sont connus pour aboyer fréquemment). Les chiots Corgis semblent être presque entièrement constitués d'oreilles.

Le visage qui rappelle celui du renard semble arborer un sourire perpétuel, ce qui explique en partie pourquoi les Corgis sont des chiens si populaires – ils ont l'air heureux et se comportent comme tels la plupart du temps.

Tempérament

Les Pembrokes et les Cardigans présentent plus de différences entre leurs personnalités qu'entre leurs physiques. Cependant, certains traits sont assez universels.

Ils sont incroyablement intelligents, et donc tant que vous êtes cohérent et dévoué dans votre programme d'éducation, vous devriez avoir un compagnon fantastique. C'est l'une des raisons pour lesquelles ils sont si populaires et pourquoi même ceux qui n'ont jamais possédé de chien peuvent les apprécier. Les Corgis comprennent rapidement ce que vous attendez d'eux pendant leur éducation, bien que cela signifie également qu'ils peuvent aussi comprendre comment contourner les règles. Si vous n'êtes pas vigilant, vous pourriez finir par être éduqué par votre Corgi.

L'une des rares choses qu'ils ont en commun avec d'autres chiens de petite et moyenne taille est qu'ils aboient. Beaucoup. C'est l'une des plus grandes critiques concernant les Corgis. Avec leurs grandes oreilles sensibles, ils entendent pratiquement tout et s'empressent d'alerter tout le monde de ce qu'ils entendent. C'est l'une des principales raisons pour lesquelles il est si important de socialiser votre Corgi – cela évite que votre compagnon ne soit perturbé par le moindre petit bruit.

Ce sont des chiens énergiques, ce qui signifie que les emmener faire au moins deux promenades par jour est le meilleur moyen de s'assurer que votre Corgi ne cause pas de problèmes.

Ce sont des chiens de travail, ce qui implique plusieurs traits de caractère à surveiller, comme la tendance à pincer. Ils font d'excellents chiens de famille, bien qu'ils ne soient pas particulièrement friands des jeunes enfants. Les bruits forts que font les petits peuvent être une source de douleur et d'agacement pour eux.

Comme d'autres chiens de travail intelligents, ils ont tendance à être individualistes et têtus. Si c'est une qualité pour un chien de berger, c'est un comportement que vous voudrez corriger chez un animal de compagnie.

Enfin, ils peuvent être individualistes, mais ils n'aiment pas rester seuls longtemps. S'ils sont laissés seuls à la maison pendant une journée entière de travail de huit à dix heures, ils ont tendance à devenir agités et anxieux, ce qui se traduit par des comportements destructeurs. Grâce à l'éducation, vous pouvez facilement résoudre ces problèmes, mais il est préférable de ne pas les laisser seuls pendant de longues périodes. À défaut d'autre chose, avoir un autre chien à proximité aidera à apaiser votre Corgi.

C'est un Pembroke !

Bien que les deux types se ressemblent incroyablement, vous pouvez déterminer si vous regardez un Pembroke Welsh Corgi en examinant quelques caractéristiques différentes.

Examen des oreilles

Les oreilles du Pembroke sont plus triangulaires, de sorte que les pointes semblent être pointues. Cela accentue en fait l'aspect pointu du visage du Corgi, et paraît particulièrement adorable lorsqu'ils sont sur le point de recevoir une friandise.

Observation de la queue

La queue du Pembroke est également généralement courte, presque invisible. Si vous voyez un Corgi qui semble n'avoir pratiquement pas de queue, vous regardez un Pembroke Welsh Corgi.

Pelages courants

Bien que le pelage tende à être moins révélateur que les deux autres caractéristiques, les Pembrokes ont généralement du fauve dans leur robe. On en trouve certains qui sont principalement noirs et blancs, mais si vous regardez attentivement, il y a généralement un peu de fauve, au moins sur le visage.

Crédit photo :
Cassie Thwaites

Taille

Les Pembrokes ont tendance à être plus courts, bien que cela ne vous aide pas beaucoup si vous n'avez pas un exemplaire de chaque type pour comparer la taille. En général, vous devrez vous fier aux autres attributs physiques pour pouvoir identifier lequel des deux types de Welsh Corgis vous avez devant vous.

Tempérament

Le Pembroke est connu pour être le plus amical des deux (c'est le chien préféré de la Reine Elizabeth II) et il est très adaptable. Face à un défi, un Pembroke est plus susceptible de changer pour s'adapter à l'environnement. Ils ont également un niveau d'énergie nettement plus élevé que leur homologue, ce qui en fait un meilleur choix si vous souhaitez un compagnon constant pour des sorties en extérieur.

C'est leur personnalité charmante qui fait d'eux le plus populaire des deux types. Pour ceux qui veulent un compagnon constant sans avoir à s'inquiéter que le chiot se fatigue aussi rapidement, c'est le Corgi qu'il vous faut.

C'est un Cardigan !

On peut dire que le Cardigan Welsh Corgi est le plus digne des deux types. Ils ont tendance à être plus calmes, plus silencieux et un peu moins friands de changements. Cependant, ils ont les oreilles en forme d'antenne parabolique plus classiques que les gens associent au Corgi. Ils ne sont peut-être pas aussi populaires que leurs proches parents, mais ils sont tout aussi adorables.

Examen des oreilles

Les Cardigans ont des oreilles beaucoup plus arrondies, leur donnant l'apparence d'avoir deux grandes antennes paraboliques au sommet de leur tête. Les oreilles ont tendance à être plus longues et sont plus évidentes lorsque le chien les pivote pour entendre tout ce qui se passe autour de lui.

Observation de la queue

Si vous voyez un Corgi avec une queue qui semble être de longueur normale, c'est presque certainement un Cardigan. La longue queue remuante d'un Cardigan est l'un des deux traits les plus distinctifs.

Pelages courants

Bien que vous deviez vous concentrer sur les oreilles et la queue, vous pouvez faire votre première évaluation en examinant le pelage. Le Cardigan tend à être le plus coloré des deux types, certains n'ayant pas du tout de fauve ou de beige. Si le pelage du Corgi est moucheté ou bringé, c'est presque certainement un Cardigan. Si le pelage est noir et blanc, c'est probablement aussi un Cardigan, mais vous devriez vérifier la présence de fauve et de beige sur le visage - ces couleurs pourraient simplement être bien cachées. Il existe également des Cardigans qui ont la même coloration de pelage que les Pembrokes, donc c'est juste un moyen de faire votre supposition initiale quant au type de Corgi.

Taille

Le Cardigan a tendance à être le plus grand des deux chiens, ce qui est un point discutable si vous n'avez pas à la fois un Pembroke et un Cardigan à proximité.

Tempérament

Les Cardigans sont les Corgis les plus détendus et ils préfèrent que les choses restent les mêmes. Ils peuvent s'adapter ; ils sont sim-

Crédit photo :
Michele Eathorne

17

plement plus susceptibles d'apprécier une routine qui n'implique pas d'étrangers. Ils sont plus susceptibles de bien supporter le fait de manquer occasionnellement une promenade (ils sont moins susceptibles d'avoir un excès d'énergie qu'ils devront dépenser sur vos meubles lorsque vous manquez des promenades).

Un mot rapide sur leur tempérament

Bien qu'il soit vrai que vous puissiez généraliser les types de personnalité en fonction du Corgi, chaque Corgi est différent. Vous pouvez découvrir que votre Cardigan est aussi aventureux et amical qu'un Pembroke, ou vous pouvez avoir un Pembroke qui préfère une belle soirée tranquille à la maison. Une grande partie de leur personnalité est liée à leur éducation et à leur génétique. Ce n'est certainement pas une mauvaise chose car tous les traits de personnalité les plus fondamentaux sont assez universels, ce qui explique pourquoi le Corgi est si populaire en premier lieu – beaucoup de gens ne savent même pas qu'il existe deux types différents.

Histoire et caractéristiques de la race

L'origine du chien se trouve directement dans son nom – le Welsh Corgi. Originaire du Pays de Galles, ce chien était idéal pour garder les troupeaux de bovins dans les collines humides et fraîches. Sa taille compacte lui conférait un avantage certain pour surveiller le bétail, car il était beaucoup plus difficile à bousculer qu'un chien plus grand.

Les Corgis existent depuis des siècles, peut-être même des millénaires – suffisamment longtemps pour qu'une légende se soit formée autour de leurs origines.

Le Pays de Galles agraire et la conduite des troupeaux

Ni l'arrivée et l'évolution, ni l'origine du nom de la race ne sont connues avec certitude. Ces deux aspects se sont perdus dans l'histoire, faisant de l'évolution et du nom des sujets de débat parmi les amateurs de Corgis et de chiens en général. Bien que les récits historiques soient un peu moins fantaisistes que les légendes, de nombreux points restent sujets à discussion, ce qui fait de l'histoire du Corgi une riche tapisserie de suppositions.

Aux premiers temps

Tout d'abord, examinons l'arrivée potentielle de ces chiens au Pays de Galles.

Il est possible que les Vikings ou les Celtes aient apporté une version primitive du Corgi sur l'île. Si les Vikings en étaient la source originelle, le Corgi serait arrivé vers les années 800. Si les Celtes en étaient à l'origine, ils auraient amené ces chiens au cours du XIIIe siècle. Il n'existe pas suffisamment de preuves pour attribuer avec certitude l'origine à l'un ou l'autre de ces peuples.

Ce que l'on sait, c'est que ces chiens se trouvaient principalement au Pays de Galles (d'où l'hypothèse d'une origine viking ou celte). Ils avaient également une fonction très claire – ils étaient d'excellents chiens de garde et de conduite de bétail, bien qu'initialement ils n'aient été utilisés qu'à l'avant du troupeau pour éloigner les prédateurs. Plus tard, les Gallois ont réalisé que ces chiens étaient tout aussi utiles pour conduire le bétail, et ils ont donc été employés tant pour protéger que pour rassembler les animaux. C'est de là que viennent les tendances du Corgi à aboyer fréquemment et à mordiller, tendances qui restent relativement fortes aujourd'hui (bien qu'elles puissent être maîtrisées avec une éducation appropriée). On pense qu'à cette époque, les chiens d'origine ont été croisés avec des chiens de berger pour améliorer leurs instincts de conduite de troupeau. Cela s'est avéré particulièrement utile pour mener le bétail au marché.

Crédit photo :
Cassie Thwaites

Les bovins n'étaient pas les seuls animaux dont s'occupaient les Corgis. Ils étaient également responsables de la sécurité des volailles domestiques, une tâche moins ardue que la conduite des bovins. Néanmoins, après avoir protégé le troupeau des prédateurs, les chiens avaient fort à faire pour rassembler les oiseaux à l'abri lorsque le crépuscule arrivait. Cela peut sembler surprenant si l'on sait à quel point les Corgis aboient, mais à l'époque, tous n'étaient pas aussi vocaux. C'était essentiel car les oiseaux sont naturellement nerveux, et les aboiements les auraient dispersés au lieu de les rassembler dans un endroit désigné. Si vous avez déjà essayé de faire déplacer des volailles vers un endroit précis, vous pouvez comprendre d'où vient la forte volonté du Corgi.

En raison de leur petite taille, les Corgis étaient également des chiens idéaux pour se débarrasser des nuisibles. Au fil du temps, ils ont aussi été employés pour aider à la chasse, car ils pouvaient facilement accéder à des zones trop étroites pour des chiens plus grands.

Ils ont toujours été des chiens incroyablement polyvalents et adaptables, ce qui explique en grande partie leur intelligence actuelle.

Tout est dans le nom

Il existe plusieurs théories sur les origines du nom Corgi.

* Il pourrait s'agir du mot celtique pour « chien », étant donné qu'il n'y avait pas beaucoup de races sur l'île.

* Il pourrait s'agir d'une combinaison de deux mots celtiques, cor (nain) et ci (chien). Ci aurait dû évoluer vers gi à un moment donné, mais c'est ainsi que les langues évoluent généralement, donc cette explication a du sens d'un point de vue linguistique.

* Le mot pourrait également avoir des racines anglaises et signifier « chien » ou « roquet ». Les mots anglais étaient autrefois pluralisés avec en ou n, donc l'utilisation du mot Corgwn pourrait être une forme plurielle de Corgi. Cette théorie est étayée par le nombre de chansons du XIVe et XVe siècle qui font l'éloge des Corgwn. À l'époque, « cur » n'avait pas la connotation négative qu'il a aujourd'hui – il désignait simplement un chien de travail (par opposition à un animal de compagnie ou un chien de la haute société).

Toutes ces origines sont des explications sensées et logiques pour le nom de ce chien. Cependant, le récit le plus intéressant provient des légendes entourant la race.

La légende du Corgi

L'une des théories concernant le nom Corgi est en fait liée à la légende. On disait que ces chiens étaient les compagnons des elfes et des fées, accomplissant pour eux le même travail que les chevaux pour les humains. On pensait que les Corgis s'échappaient de leurs foyers la nuit pour rejoindre leurs amis magiques. On raconte que lorsqu'on observe les Corgis Pembroke, les marques que beaucoup d'entre eux portent (le blanc autour des épaules et du cou) ressemblent à de petites selles, indiquant leur utilisation comme montures par de petites créatures.

C'est une légende très mignonne et enchanteresse pour un si petit chien débordant de personnalité.

Récits de la divergence des deux races

Les Cardigans constituent la race la plus ancienne, dont les débuts remonteraient à environ 3 000 ans. Bien entendu, la race n'était pas du tout comme le Corgi d'aujourd'hui (la version actuelle a été élevée à partir des chiens d'origine). Ils proviennent de la même famille canine qui a produit un chien d'apparence similaire au corps allongé – le Teckel.

On pense que la version actuelle du Cardigan a été élevée à partir des chiens que les tribus celtes ont amenés lors de leur arrivée au Pays de Galles.

Le Welsh Corgi Pembroke est à la fois plus connu et plus populaire que le Cardigan. Les premiers documents mentionnant le Pembroke remontent à 1107, mais on sait peu de choses sur les débuts de ce chien. Certains pensent qu'ils sont le résultat de croisements avec le chien de bétail suédois populaire chez les Vikings. D'autres pensent qu'ils sont un mélange du Corgi original et du Spitz, une race amenée au Pays de Galles par des immigrants flamands.

La race n'a été reconnue que dans les années 1920, lorsque les deux types ont été regroupés sous le nom de Corgis.

Guide rapide de leurs meilleures et pires caractéristiques

Il y a beaucoup à aimer chez ces chiens, et ils conviennent parfaitement à de nombreux foyers. Cependant, ils ne sont pas faits pour tout le monde. Ils peuvent être un excellent premier chien si vous n'en avez jamais eu auparavant, mais vous devriez connaître certains traits que les gens trouvent frustrants. Dans tous les cas, vous pouvez vous préparer et les éduquer pour minimiser les aspects qui risquent de vous déranger.

Meilleures caractéristiques

Les Corgis sont intelligents, enjoués et incroyablement fidèles. Ils adorent les personnes qui font partie de leur meute et sont enthousiastes à l'idée de sortir. Ils sont connus pour être très fiables et faciles à éduquer, deux qualités qui en font d'excellents chiens pour les personnes qui n'ont jamais eu de chien auparavant.

Leur petite taille permet de les adopter et de les garder actifs même dans un appartement (bien que leur tendance à aboyer puisse les rendre moins adaptés à la vie en appartement).

Ils ont une personnalité de grand chien. En d'autres termes, ils adorent apprendre de nouvelles choses, faire des tours et être généralement actifs. Ils ne sont pas découragés par le fait qu'ils ne peuvent pas suivre les chiens plus grands, car ils persistent jusqu'à ce qu'ils atteignent leurs objectifs. Leur personnalité est facilement attribuable à

Crédit photo :
Caitlin Cassity

leur histoire de chien de travail – ils étaient traités comme les chiens plus grands, ils ont donc appris les mêmes comportements.

Ils adorent être avec les gens (parfois un peu trop) et vous feront vous sentir très bien accueilli lorsque vous rentrerez chez vous.

Le toilettage est très facile car ils ont un poil court qui ne s'emmêle pas facilement.

Pires caractéristiques

Chez le Corgi, les deux traits les plus gênants sont sans conteste sa propension à aboyer et sa tendance à mordiller. Vous pouvez éliminer le mordillement chez votre jeune Corgi par l'éducation, mais l'aboiement est quelque chose que de nombreux Corgis ne surmontent jamais. Cela en fait d'excellents chiens de garde car leur voix n'est pas celle d'un petit chien, mais cela peut rapidement devenir une source d'agacement si vous ne vous attendiez pas à un chien aussi vocal.

Ils ont tendance à manger plus qu'ils ne devraient (comme beaucoup de chiens), mais avec leur petite taille, c'est un problème certain si vous ne surveillez pas attentivement leur apport calorique. Avec leur dos long, les Corgis doivent maintenir un poids santé, ce qui est difficile car ils adorent la nourriture. Grâce à leur intelligence, ils ont été connus pour trouver des moyens de grimper sur des chaises (après les avoir déplacées) pour atteindre la nourriture sur les tables et les plans de travail.

Les deux types de Corgis perdent abondamment leurs poils. Avec leur fourrure épaisse et courte, ils perdent pratiquement leurs poils toute l'année. Un toilettage fréquent peut minimiser ce phénomène, mais vous ne pouvez pas l'éliminer totalement.

Ils sont pleins d'énergie, ce qui est une excellente chose si vous êtes une personne active. Si vous n'aimez pas sortir régulièrement, ou si vous ne pouvez pas sortir presque quotidiennement, les Corgis ne sont probablement pas un bon choix comme compagnon, car ils ont tendance à être destructeurs lorsqu'ils restent seuls trop longtemps ou lorsqu'ils ne font pas d'exercice régulièrement.

Ils ont également tendance à être têtus et indépendants, ce qui peut être problématique si vous n'êtes pas affirmatif et cohérent dans vos soins.

Un choix royal

L'un des points qui est presque toujours évoqué lorsque les gens parlent des Corgis est qu'ils sont le choix canin de la Reine d'Angleterre. Tous ses chiens sont des Welsh Corgis Pembroke.

Son amour pour les Corgis l'a amenée à être accompagnée de plus de trente Corgis au cours de sa vie entière. Elle a reçu son premier Corgi de son père, le roi George VI, en 1933.

Fait intéressant, les gens utilisent réellement les Corgis pour tenter de prédire le prochain nom des membres de la famille royale. Il existe un jeu (et vous pouvez parier si vous pensez pouvoir deviner correctement le prochain nom) où des Corgis portent des gilets avec le nom le plus probable qui sera donné au prochain membre de la famille royale.

*Crédit photo :
Cassie Thwaites*

CHAPITRE 3

Le Foyer Idéal

En raison de leur taille, les Corgis peuvent être à l'aise et heureux dans la plupart des types d'habitations, y compris les appartements (bien que vos voisins puissent ne pas apprécier tous leurs aboiements). Néanmoins, certains environnements et modes de vie leur conviennent mieux que d'autres.

Gardez à l'esprit que ce sont des chiens actifs. Il n'est pas forcément nécessaire d'avoir un grand jardin, mais l'exercice quotidien est indispensable. Les Corgis sont également intelligents, ce qui signifie que vous devrez sécuriser certaines zones de votre maison. Leur tendance à voler de

Crédit photo :
Tammie Songer

la nourriture et leur niveau d'énergie élevé font de l'activité régulière une priorité absolue. Si vous n'avez pas de jardin ou suffisamment d'espace pour jouer chez vous, vous devrez habiter à proximité d'un endroit où vous pourrez emmener régulièrement votre Corgi. Il peut s'agir d'un parc ou simplement de trottoirs pour que votre Corgi puisse faire de nouvelles promenades régulièrement.

Environnement Optimal

Les Corgis sont incroyablement populaires en raison de leur taille et de leurs personnalités exceptionnelles. Grâce à leur facilité d'éducation, beaucoup de personnes pensent qu'ils sont le chien parfait. Cela peut être vrai pour de nombreuses personnes, mais comme pour tous les autres chiens, il existe des situations optimales pour eux.

Un Petit Chien Compact pour Tout Type de Foyer

L'une des caractéristiques que les gens apprécient le plus chez les Corgis est leur adorable petite silhouette. Ils ressemblent beaucoup aux Teckels avec leur corps allongé près du sol, mais ils sont bien plus robustes et plus larges. Leur poids les classe dans la catégorie des chiens de taille moyenne, ce qui peut sembler étrange jusqu'à ce que vous en portiez un. Pourtant, ils n'arrivent même pas très haut sur les tibias d'un adulte. Leur petite stature et leur constitution robuste signifient qu'ils peuvent facilement s'asseoir avec vous sur le canapé ou se coucher au pied de votre lit sans prendre beaucoup de place, tout en offrant suffisamment de chien à câliner.

Ils n'ont pas besoin d'une grande cage, ni pour voyager ni à la maison. De nombreux Corgis n'ont peur de rien et sont enthousiastes à l'idée de vivre différentes aventures. Leur présence peut être très apaisante après une longue journée, et leur enthousiasme est souvent contagieux. Comme ils peuvent vous accompagner presque partout sans prendre beaucoup de place supplémentaire, on comprend facilement pourquoi les gens adorent en posséder.

Même Sans Jardin, C'est Possible – Tant que Votre Corgi Bénéficie d'un Exercice Modéré

Il est presque impossible de trop insister sur l'importance de l'exercice pour les Corgis. En gardant à l'esprit leur histoire de chien de travail polyvalent (conduite de troupeaux, protection, capture de nuisibles, chasse et garde de volailles), il n'est pas surprenant qu'ils aient autant d'énergie concentrée dans ce petit gabarit. Vous n'avez pas besoin d'un jardin, mais vous devez vous engager à les sortir pour au moins quelques promenades chaque jour. Pour le Corgi, la marche est davantage une question de mouvement que de pause toilette.

Si vous ne pouvez pas sortir votre chien fréquemment, vous devez disposer d'un jardin où il pourra jouer et dépenser son énergie.

L'exercice est essentiel pour les Corgis pour deux raisons : ils prennent facilement du poids et peuvent devenir destructeurs s'ils ont de l'énergie refoulée. Si vous ne veillez pas à ce que votre Corgi ait un moyen de faire suffisamment d'exercice, vous ne pourrez pas lui reprocher de détruire tout ce qui est à sa portée – et avec un esprit aussi vif, ils peuvent atteindre des endroits auxquels vous n'auriez jamais pensé.

En résumé, un jardin n'est pas nécessaire tant que vous disposez d'endroits à proximité où vous pouvez faire de l'exercice.

Mise en Garde Concernant les Appartements et les Aboiements

Ces oreilles font exactement ce que vous imaginez – elles permettent aux Corgis d'entendre des choses que même de nombreux autres chiens ne remarquent pas. Avec une ouïe aussi sensible, il n'est pas surprenant que ces chiens soient incroyablement vocaux. Ils aboieront pratiquement à tout, à l'intérieur comme à l'extérieur de votre domicile.

Si leur taille les rend idéaux pour un appartement, leur tendance à aboyer ajoute une réserve à cet idéal. Soit vous avez besoin de murs plus épais que ceux d'un appartement moyen, soit vous avez besoin de voisins qui ne sont

Crédit photo :
Betsy Ellsworth

pas dérangés par des aboiements constants, soit vous devez éduquer votre chien à n'aboyer qu'à certains types de sons. La troisième option est probablement la plus difficile à réaliser, car elle implique de lutter contre des siècles d'instinct développé.

Lorsque vous utilisez les bons outils ou adoptez un chiot issu de parents moins susceptibles d'aboyer, vous avez plus de chances d'éduquer votre Corgi à être plus silencieux. Après tout, ce sont les mêmes chiens qui aidaient à gérer les troupeaux, ce qu'ils ne pourraient pas bien faire s'ils aboyaient sans cesse. Sachez simplement que vous pourriez entreprendre une tâche herculéenne, et vous devrez vous adapter en conséquence. Prévoyez également comment gérer les aboiements fréquents, car cela vous permettra de réagir rapidement pendant l'éducation.

Surfaces de Sol

Le Corgi semble robuste, mais être si près du sol ne signifie pas qu'il leur est plus facile de s'arrêter sur des sols glissants, comme le parquet ou le vinyle. Comme ils ont tendance à s'exciter en jouant, cela signifie souvent qu'ils finissent par glisser contre des objets. Ils s'en remettront généralement rapidement, mais à long terme, ce n'est pas bon pour votre Corgi.

Vous pouvez soit poser de la moquette, soit des tapis antidérapants dans les zones où joue votre Corgi pour garantir sa sécurité.

Pas Idéal avec les Jeunes Enfants

Crédit photo : Sunny Hanford

Il y a beaucoup à aimer chez les Corgis, mais l'une des rares préoccupations est qu'un nombre relativement important d'entre eux n'apprécient pas les jeunes enfants. Les tout-petits et autres petites personnes sont à peu près à la même hauteur qu'un Corgi, ce qui peut créer des problèmes. Les jeunes enfants ne sont tout simplement pas doux, et les Corgis n'aiment pas être manipulés de manière brusque (ils sont habitués à être les meneurs, pas les menés).

Lorsque vous associez cela au fait que les Corgis ont une ouïe incroyablement sensible, vous ne pouvez vraiment pas vous attendre à ce que le chien apprécie les tout-petits et autres jeunes personnes. Ce groupe d'âge explore également les sons qu'il peut produire, et le volume n'est pas quelque chose qu'il comprend encore. Quand un jeune enfant commence à crier et à pleurer, cela peut être physiquement douloureux pour un Corgi. Cela signifie qu'ils peuvent être moins à l'aise et moins patients avec les jeunes enfants.

Mode de Vie Idéal

Avant tout, les Corgis veulent être avec vous. La plupart d'entre eux détestent être seuls, donc si vous avez un Corgi, il restera à vos côtés autant que possible. Cela signifie que vous devez être chez vous plus souvent que vous n'êtes absent, ou que vous devez pouvoir emmener votre chien avec vous lorsque vous allez être absent pendant de longues périodes de la journée.

Ils ont besoin de beaucoup d'exercice, bien que moins que beaucoup d'autres chiens de travail puisqu'ils sont plus petits. Cela ne signifie pas que vous pouvez devenir complaisant et sauter les promenades. Vous devriez vraiment aimer être dehors, et un Corgi peut rendre vos sorties encore plus agréables.

Points Forts

L'une des choses que les gens adorent chez les Corgis est qu'ils sont incroyablement attentifs. Ils veulent être avec vous, vous écouter et jouer avec vous. Bien sûr, ils veulent aussi établir les règles, mais vous pouvez leur apprendre qu'ils ne sont pas le chien alpha afin qu'ils vous écoutent mieux.

Crédit photo :
Liza Gagne

Les Corgis sont également des chiens joueurs et sont souvent décrits comme joyeux. En raison de leur taille, il est plus facile de les fatiguer rapidement, bien que certains n'aient besoin que d'une courte pause avant d'être prêts pour plus d'activité. Ils ont beaucoup d'entrain et aiment être actifs, donc le potentiel de jeux et autres divertissements est presque illimité.

Avantages Communs de l'Exercice

Un autre aspect positif des Corgis est qu'ils peuvent vous obliger à faire plus d'exercice sans que cela ne semble être une corvée. Cependant, vous n'avez pas vraiment besoin de faire quelque chose d'élaboré pour les maintenir activement heureux. Contrairement aux chiens de travail plus grands, les Corgis se contentent de promenades fréquentes, de jeux dans le jardin et de gambades dans le parc.

En faisant de l'exercice avec votre Corgi, vous vous maintenez tous les deux en meilleure santé. Votre compagnon sera fatigué (au moins pour quelques minutes) et vous aurez fait quelque chose pour vous-même que vous n'auriez peut-être pas fait sans votre chien.

L'exercice permet également de divertir votre Corgi. Étant des chiens intelligents, ils ne se portent pas bien lorsqu'ils sont enfermés à la maison pendant des jours. Vous n'avez pas non plus à faire de l'exercice selon un horaire fixe. Lorsque vous et votre chien sortez régulièrement pour faire de l'exercice, votre Corgi sera plus heureux.

Une partie animée de jeu de balle peut suffire aux Corgis pour évacuer une partie de leur excès d'énergie. Avec leurs petites pattes, ils n'ont pas besoin d'aller aussi loin pour faire suffisamment d'exercice. Cela ne signifie pas que vous devriez lésiner. Si votre Corgi joue à rapporter pendant vingt minutes d'affilée et est encore assez excité, une promenade garantira que cette énergie sera épuisée avant de rentrer à l'intérieur.

Enfin, comme ce sont de petits chiens de travail, ils adorent la nourriture mais peuvent prendre du poids rapidement s'ils ne font pas souvent d'exercice. Des sorties fréquentes les maintiendront en bonne santé mentale et physique.

Méfiez-vous de la Solitude et de l'Ennui

Les chiens de travail sont connus pour déchirer, arracher et détruire tout ce qui est à leur portée lorsqu'ils sont laissés seuls sans rien à faire pendant de longues périodes. Les Corgis ne font pas exception. En fait, ils peuvent devenir anxieux lorsqu'ils sont laissés seuls pendant de longues périodes, ce qui augmente considérablement les chances que vous rentriez chez vous pour découvrir un désordre complet.

Crédit photo :
Jae Ojala

Les Corgis n'aiment pas être seuls, c'est pourquoi beaucoup ont au moins un compagnon canin. Le deuxième chien ne vous remplace pas, mais il peut faire en sorte que le Corgi se sente un peu plus en sécurité lorsque vous n'êtes pas là.

Le fait qu'ils soient intelligents peut également poser problème, car ils peuvent comprendre comment faire des choses que vous n'imagine-riez jamais. Par exemple, ils peuvent comprendre comment déplacer une chaise loin de la table afin de pouvoir sauter sur la chaise puis sur la table et manger tout ce que vous avez laissé sur la table. La résolution de problèmes est quelque chose qu'ils font extrêmement bien, et quand ils s'ennuient ou se sentent seuls, cela peut être dangereux, pour eux et pour votre maison.

La Mue – Les Deux Saisons de Perte de Poils

Les poils des Corgis sont incroyablement faciles à entretenir, mais ces épais pelages perdent aussi leurs poils d'une manière que vous ne croiriez pas. Vous pouvez considérer que les Corgis ont deux saisons de mue – la première moitié de l'année et la seconde moitié de l'année. C'est presque ahurissant de voir combien de poils ces petits canidés compacts peuvent perdre. En un jour ou deux, vous commencerez à voir de petites boules de poils rouler sur le sol, et il sera pratiquement impossible de s'en débarrasser complètement.

Un brossage fréquent aidera, mais vous aurez quand même des poils de chien partout sur tout ce qui se trouve dans votre maison et votre garde-robe. C'est un prix relativement modeste à payer pour un chien aussi adorable et affectueux.

Extrêmement Sensible – Ils Entendent Tout

Ces grandes oreilles donnent au Corgi un sens de l'ouïe que la plupart des animaux n'ont pas, et cela s'accompagne de deux inconvénients : ils sont gênés par les bruits forts et ils réagissent à pratiquement tout.

Vous devez être prudent autour des Corgis pour vous assurer de ne pas blesser leurs oreilles. Ils ne sont pas dérangés par leurs propres aboiements, mais les bruits forts et les cris peuvent les affecter négativement. C'est pourquoi ils ont tendance à être méfiants ou à garder leurs distances avec les jeunes enfants. Les petits enfants ont tendance à hurler et à crier, ce qui peut faire mal aux oreilles du Corgi. Les bruits forts sont également plus forts pour votre Corgi, vous devez donc faire attention à ne pas les blesser en les emmenant dans des endroits où il y a beaucoup de bruit. Ce n'est pas si grave que vous deviez adapter votre vie en conséquence, mais c'est quelque chose dont vous devriez tenir compte pour le bien-être de votre Corgi.

Leur ouïe incroyable explique pourquoi ces chiens sont des aboyeurs notoires. N'importe quel petit bruit peut les déclencher. Les chances sont très élevées que vous deviez apprendre à supporter une certaine quantité d'aboiements inutiles pour ce que vous pensez n'être rien. Ils entendent des sons que vous n'entendez pas, et ils n'ont pas peur de s'exprimer quand ils le font.

Un Petit Chien pour Ceux qui Aiment les Grands Chiens

Si vous aimez les grands chiens mais que vous n'avez pas la place chez vous pour en accueillir un, les Corgis sont une alternative parfaite. Ils vous donneront le même type d'attention et d'affection que vous obtiendriez d'un Labrador ou d'un Golden Retriever sans la taille. Ils seront tout aussi actifs et vous aideront à vous sentir mieux à la fin d'une longue journée. En fin de compte, ils veulent simplement être avec leurs maîtres, jouer et profiter du plein air.

Pembroke – Enjoué et Affectueux

Les Pembrokes sont les plus populaires des deux types de Corgi car ils sont plus sociables et affectueux. Ils veulent être dehors à faire des choses et à profiter de ce que vous faites. Votre Pembroke est issu d'une longue lignée de chiens connus pour mener et rassembler des animaux beaucoup plus grands (et certains plus petits). Cela rend votre chien intrépide et curieux, ce qui est un type de divertissement différent pour vous. Ils apprécient les changements et peuvent rapidement s'adapter à de nouveaux jeux et événements.

Cardigan – Protecteur et Intelligent

Les Cardigans sont les plus calmes et détendus des deux types. Ils sont moins susceptibles de s'ennuyer en restant davantage à la maison (bien qu'ils aient toujours besoin d'une bonne dose d'exercice, alors ne devenez pas trop complaisant). Ils préfèrent que les choses suivent un horaire un peu plus régulier, mais ils ont toujours besoin d'activités pour les stimuler mentalement. Ils sont plus susceptibles d'être très protecteurs envers vous (au-delà des simples aboiements) et ils ont tendance à être plus analytiques que leurs homologues Pembrokes. Cela signifie que vous devez être prêt à les surpasser intellectuellement si vous comptez les laisser seuls ou si vous voulez essayer un autre jeu.

Crédit photo :
MaryAnn Carney

CHAPITRE 4

Trouver Votre Welsh Corgi

Si vous êtes arrivé jusqu'ici, vous êtes probablement impatient de trouver votre propre Corgi pour partager des aventures et des moments de détente. Bienvenue dans un tout nouveau monde de plaisir, de divertissement et d'amour ! Votre décision vous permettra très certainement de rencontrer l'un des meilleurs amis que vous n'aurez jamais.

Vous disposez maintenant des connaissances de base pour comprendre ce qui vous attend. Il est temps d'apprendre comment procéder pour trouver votre nouveau membre de famille.

Crédit photo :
Cindy Duwe

Vos deux premières décisions seront les plus difficiles :

- Un Pembroke ou un Cardigan sera-t-il le mieux adapté à votre foyer ?
- Souhaitez-vous un chiot ou un chien adulte ?

Ces deux questions sont complexes. Chaque Corgi est différent, donc s'attendre à ce que votre Pembroke ou Cardigan corresponde exactement aux descriptions habituelles n'est probablement pas réaliste. Les informations sur leurs personnalités typiques constituent un guide, non une certitude absolue. En définitive, la réponse dépend de la deuxième question – l'âge du chien lors de son adoption. C'est une question encore plus délicate car l'une des options implique beaucoup plus de travail tandis que l'autre nécessite de comprendre la personnalité déjà établie de votre compagnon.

Choisir entre le Pembroke et le Cardigan – Considérations initiales

Votre première décision devrait être de sélectionner le type de Welsh Corgi que vous souhaitez – le Pembroke ou le Cardigan. Votre personnalité et votre style de vie s'accorderont probablement mieux avec la personnalité de l'un ou l'autre type.

- Les Pembrokes sont enjoués et adaptables. Si vous êtes constamment en mouvement et souhaitez un compagnon qui appréciera ce rythme, le Pembroke est un meilleur choix pour votre style de vie. Bien qu'ils aboient beaucoup, ils sont très amicaux. Ils constituent un compagnon presque parfait pour les personnes actives.

- Les Cardigans aiment bouger, mais ils savent aussi apprécier une soirée de détente à la maison. Ils ne nécessitent pas autant d'activité et sont de meilleurs chiens de garde car ils sont plus protecteurs. Si vous cherchez un chien qui peut profiter d'une soirée à la maison avec vous et qui est un meilleur gardien, le Cardigan est un choix plus judicieux.

Gardez à l'esprit que tous les Corgis sont très individualistes, et ce n'est pas parce que vous recherchez une personnalité particulière que vous l'obtiendrez. Une grande partie de la personnalité de votre chien dépendra de la qualité de son éducation (si vous adoptez un chiot). Si vous choisissez un chien plus âgé, sa personnalité est déjà établie et les personnes qui s'en occupent pourront mieux vous dire si le chien présente le type de personnalité que vous recherchez. La génétique rend leur personnalité plus prévisible, mais ce n'est jamais garanti.

Adopter auprès d'un Éleveur

Une fois que vous savez quel type conviendra le mieux dans votre foyer et que vous avez décidé d'être prêt à consacrer beaucoup de temps à l'éducation d'un chiot, il est temps de commencer à chercher l'éleveur qui vous donnera un chiot Corgi en bonne santé et heureux. Vous devez être vigilant car il existe de nombreux éleveurs de Corgis. Vous voulez un éleveur qui se soucie autant (ou plus) des chiots que du profit de la vente. Cela signifie prendre le temps de rechercher minutieusement les éleveurs.

Trouver un Éleveur

Vous voulez un éleveur qui prend au sérieux le soin des chiots et leur accorde l'attention nécessaire pour qu'ils soient bien équilibrés lorsqu'ils sont prêts à quitter leur mère. Pour commencer, vous devez rechercher des éleveurs et ne considérer que ceux qui exposent et titrent leurs chiens dès le départ. Il y a de fortes chances que vous vous retrouviez sur une liste d'attente, mais cela signifie que votre chiot sera en bonne santé tant mentalement que physiquement.

Une fois que vous avez réduit la liste des éleveurs à contacter, vous devrez les appeler et poser des questions. Prévoyez jusqu'à une heure par éleveur (ce ne sera peut-être pas le cas, mais il vaut mieux le prévoir) afin de bien comprendre les connaissances de l'éleveur sur la race et la qualité des soins apportés aux chiots.

- Interrogez-les sur le type particulier de Corgi pour déterminer si l'éleveur ne se concentre que sur les aspects positifs. Un bon éleveur voudra s'assurer que vous comprenez les problèmes potentiels liés à la possession d'un Corgi et tentera de vous dissuader si les aspects négatifs pourraient être problématiques pour vous.

- Renseignez-vous sur les tests de santé et les certifications. Ces points sont abordés plus en détail dans la section suivante, mais votre éleveur doit avoir tous les tests et certifications pour garantir que vous receviez le chiot le plus sain possible. Les bons éleveurs offrent souvent des garanties contre les problèmes génétiques les plus graves.

- Vérifiez que l'éleveur s'occupera de tous les problèmes de santé initiaux, comme les vaccins et le vermifuge. Les chiots doivent commencer ces procédures dès l'âge de six semaines, bien avant que le chiot ne puisse quitter sa mère. Les vaccinations et les vermifuges ont lieu toutes les trois semaines, donc votre chiot devrait être bien avancé dans ses soins de santé initiaux (ou même complètement terminé les phases initiales) avant d'arriver chez vous.

- Renseignez-vous pour savoir si l'éleveur exige que le chiot soit stérilisé ou castré lorsqu'il atteint sa maturité. De nombreux éleveurs exigent que les chiots soient stérilisés ou castrés dans le cadre du contrat. Cette mesure est censée être dans l'intérêt du chiot.

- Demandez si l'éleveur fait partie d'un club ou d'une organisation de Corgis. Les Corgis existent depuis suffisamment longtemps pour qu'il y ait un certain nombre de codes et de normes exigés des membres qui élèvent leurs Corgis. Si vous trouvez un éleveur qui fait partie d'une organisation de Corgis et qui ne peut pas répondre à votre demande, cet éleveur pourra probablement vous orienter vers quelques autres bons éleveurs. Les chiots issus de ce type d'éleveurs ont beaucoup plus de chances d'être en bonne santé et heureux, car les éleveurs doivent être à la fois consciencieux et honnêtes concernant les parents et les chiots.

- Renseignez-vous sur ce qui se passe pendant la première phase de la vie des chiots et sur la façon dont l'éleveur s'occupe des chiots pendant les premiers stades de leur vie. Cela vous aidera à savoir combien de travail vous aurez à faire également. Vous voudrez éduquer votre chien de manière cohérente, et ce sera beaucoup plus facile si vous continuez ce que l'éleveur a commencé. L'éleveur a peut-être également commencé différents types d'apprentissage, comme la propreté et l'habituation à la cage de transport. Vous devrez le savoir avant de ramener votre chiot à la maison.

- Demandez des conseils sur l'éducation d'un Corgi. Un bon éleveur peut faire des recommandations et vous donnera des options sur la façon de gérer certaines phases moins agréables, ainsi que des choses que votre chiot est susceptible d'aimer. Un excellent éleveur sera également là pour répondre à vos questions sur votre Corgi longtemps après que votre chien ait atteint sa maturité. Ils s'intéressent au bien-être du chien et sont prêts à répondre aux questions tout au long de la vie du Corgi.

Tests de Santé et Certifications

Pour un chien avec une histoire aussi longue, les Corgis sont incroyablement sains et relativement exempts de problèmes de santé génétiques majeurs. Cependant, il existe quelques tests et certifications qui devraient être effectués.

En tant que plus jeune des deux types, les Pembrokes ne nécessitent pas autant de tests et de certifications :

- Évaluations de la dysplasie de la hanche (radiographies officielles SCC ou évaluation équivalente)

- Examen des yeux par un vétérinaire ophtalmologue agréé (ils doivent être enregistrés auprès de la SCC)

Les Cardigans nécessitent un peu plus d'attention en termes de tests :

- Évaluations de la dysplasie de la hanche (radiographies officielles SCC ou évaluation équivalente)
- Un test ADN pour l'Atrophie Rétinienne Progressive (ARP), appelée aussi PRA en anglais.
- Il n'y a pas de certifications strictes, mais vous voulez que votre éleveur fasse partie d'un club ou d'une organisation établie.

Les éleveurs de Pembrokes font généralement partie du Club Français des Amateurs du Welsh Corgi Pembroke, et ils adhèrent à toutes les réglementations concernant l'élevage des Pembrokes Welsh Corgis. Ils recommandent également que les éleveurs fournissent une copie du Code d'Éthique pour l'élevage et la possession d'un Pembroke.

- Les éleveurs de Cardigans peuvent rejoindre le Club Français des Amateurs du Welsh Corgi Cardigan, et ils doivent adhérer à des directives spécifiques.
- Être membre de ces organisations signifie que les éleveurs sont obligés de respecter un ensemble minimum d'exigences. S'ils ne respectent pas ces exigences, les éleveurs ne sont pas autorisés à être membres des organisations. Cela garantit que les éleveurs qui appartiennent à ces organisations sont fiables et prévisibles dans la façon dont ils traitent leurs chiots.

Contrats et Garanties

Puisqu'il s'agit de chiens avec une longue histoire, il ne devrait pas être surprenant que de nombreux éleveurs aient des contrats que vous devez signer avant qu'ils n'envisagent de vous vendre un chiot. Beaucoup d'entre eux offrent également des garanties, qui peuvent ou non vous rassurer.

Les garanties précisent ce que l'éleveur s'engage à assurer avec votre nouveau chien. Cela inclut généralement des informations sur la santé du chien et des recommandations sur les prochaines étapes pour le propriétaire. Par exemple, il peut être recommandé d'emmener votre chiot chez le vétérinaire dans les deux jours suivant son arrivée à la maison pour s'assurer que le chien est aussi sain qu'on le croit. Dans le cas où un problème de santé majeur est découvert, le chiot devra être rendu à l'éleveur. La garantie expliquera également ce qui n'est pas garanti. La garantie a tendance à être très longue (parfois plus longue que le contrat), et vous devriez bien la lire avant de signer le contrat.

En plus du prix d'acquisition de votre chien, les contrats Corgi garantissent certains comportements du nouveau propriétaire. Les contrats Corgi comportent généralement l'obligation de faire stériliser ou castrer le chien une fois qu'il a atteint sa maturité (généralement six mois). Le contrat peut également contenir des exigences de nommage, des détails de santé et une stipulation sur ce qui se passera si vous ne pouvez plus prendre soin du chien (le chien retourne généralement chez l'éleveur). Ils comprennent également des informations sur ce qui se passera si vous êtes négligent ou abusif.

Génétique du Chiot – les Parents

En raison de la longue histoire de la race, les éleveurs prennent au sérieux l'histoire des parents (surtout les membres des différentes organisations Corgi). Vous voudrez examiner l'histoire complète des deux parents pour avoir une idée de ce à quoi vous pouvez vous attendre des chiots. De leurs personnalités à leurs tendances, vous pourrez vous faire une bonne idée de ce que vous devriez attendre de votre nouveau membre de la famille.

Vous devriez également passer du temps à vous renseigner sur les parents auprès de l'éleveur. Les informations que vous souhaitez connaître se trouvent probablement dans des anecdotes sur les parents plutôt que sur un site web détaillant leur lignée et leur histoire.

Crédit photo : Caitlin Cassity

Sélectionner Votre Chiot

Sélectionner un chiot Corgi est à peu près la même chose que choisir n'importe quel type de chiot. Une grande partie dépend entièrement de vous et de ce que vous voulez chez un chien. L'expérience peut être très divertissante et agréable – et finalement très difficile. Aussi amusant que cela puisse être, vous devez être prudent et sérieux afin de ne pas être influencé par des choses qui pourraient vous déranger plus tard.

Lorsque vous examinez les chiots, remarquez comment chaque chiot joue avec les autres. C'est un excellent indicateur de la façon dont votre chiot réagira avec les animaux que vous avez déjà à la maison.

Vous devez également regarder les chiots en tant que groupe. Si vous remarquez que la majorité des chiots manifestent un comportement agressif ou semblent méfiants, vous ne voudrez peut-être pas sélectionner un chiot de cette portée. De même, si les chiots semblent terrifiés par vous, comme garder leur queue entre les jambes ou se recroqueviller (puisque vous ne pouvez pas dire avec la queue courte du Pembroke si le chiot essaie de la rentrer), c'est une indication des types de problèmes que vous pourriez rencontrer avec votre chiot et son éducation. Ce que vous voulez, c'est une portée pleine de chiots amicaux, même s'ils ne commencent pas à vous saluer immédiatement. Parfois, ils veulent simplement jouer avec leurs frères et sœurs ou comprendre ce qui se passe d'abord.

Ensuite, remarquez qu'il y a souvent au moins un chiot qui est très désireux de vous rencontrer. Beaucoup de gens prennent cela comme un signe que ce chiot est le bon pour leur famille. Cependant, ce n'est pas toujours le cas. N'oubliez pas que le ou les chiots qui vous saluent sont plus audacieux et exigeants que ceux qui restent en retrait et analysent d'abord la situation.

Les chiots qui restent en retrait peuvent avoir peur ou, plus probablement, ils veulent simplement comprendre la situation avant de s'impliquer. Ce ne sont pas les types alpha que sont leurs frères et sœurs plus enthousiastes. Ce sont vos chiots plus patients et plus calmes, ceux qui peuvent être plus faciles à éduquer.

Choisissez le chiot qui présente les traits de personnalité que vous souhaitez chez votre chien. Si vous voulez un chien audacieux, amical et excitable, le premier à vous saluer peut être celui que vous recherchez. Si vous voulez un chien qui réfléchira aux choses et laissera les autres recevoir plus d'attention, le chien plus calme peut être mieux adapté à votre foyer.

Adopter un Chien Plus Âgé

La chose universelle à propos des chiots est qu'ils demandent beaucoup de travail. Si vous manquez un jour ou deux d'éducation, vous pouvez avoir l'impression de revenir à la case départ. Les Corgis plus âgés peuvent vous offrir un moyen d'obtenir votre Corgi sans avoir à consacrer plusieurs années à l'éducation. Vous pouvez trouver des Corgis plus âgés dans des refuges, des associations de sauvetage, et même auprès d'éleveurs. Les éleveurs reprendront les chiots si une personne s'occupe mal du chien ou si une personne ne peut plus s'occuper du Corgi pour une raison quelconque.

Avantages

Les chiens plus âgés vous donnent une satisfaction plus immédiate. Vous n'avez pas à passer ces nuits blanches avec le nouveau chiot ou la frustration sans fin qui accompagne les premiers types d'apprentissage. Les Corgis plus âgés vous permettent de profiter directement de votre chien lors de vos aventures. Tous les chiens intelligents et énergiques nécessitent beaucoup de temps et d'attention lorsqu'ils sont chiots. Contourner cela constitue une grande partie de l'attrait des chiens plus âgés.

Non seulement les Corgis plus âgés ont déjà acquis l'éducation de base, mais beaucoup d'entre eux connaissent déjà quelques tours, vous pouvez donc commencer à explorer ce qu'ils savent et ce qu'ils ont en-

Crédit photo :
Kandace Wilkens

core à apprendre. C'est une expérience incroyablement amusante, drôle et agréable, comme faire la connaissance d'un nouvel ami. Vous pouvez également commencer votre propre éducation. Cette partie est presque aussi amusante car les Corgis plus âgés ont la capacité d'attention et la capacité d'apprendre incroyablement vite (s'ils sont d'humeur), et vous serez en mesure de reconnaître quand ils apprennent et quand ils ne sont pas intéressés par l'activité.

Mieux encore, ils peuvent vous aider à commencer à vous améliorer. Si vous voulez faire plus d'exercice, un Corgi plus âgé vous aidera à commencer immédiatement (au lieu de vous piéger à la maison en essayant de lui enseigner les bases). Vous disposez également d'un large éventail d'activités possibles, et votre Corgi sera plus qu'heureux de vous accompagner dans l'exploration de nouveaux endroits ou dans la redécouverte d'anciens.

Les Corgis adultes sont idéaux pour les individus et les familles qui n'ont pas le temps ou la patience de travailler avec un chiot.

Associations de Sauvetage

Les clubs de Corgis ont leurs propres associations de sauvetage, en plus de leurs propres éleveurs. Vous avez moins de chances de trouver cette race en dehors de ce petit cercle car les amateurs de Corgis sont très stricts sur la façon dont les chiens doivent être pris en charge – et ils s'occupent des leurs. Les Corgis que vous obtenez par l'intermédiaire des organisations et des éleveurs disposent de la plupart des informations nécessaires requises pour vendre des chiots, ce qui signifie que vous aurez l'historique médical et les informations de vaccination du chien (bien que si le propriétaire précédent était négligent ou abusif, l'historique médical et les informations peuvent ne pas avoir été suivis pendant que le chien était avec eux).

Il est très facile de contacter l'organisation pour adopter un Corgi adulte. Ils vous demanderont de faire une demande d'adoption simplement parce qu'ils veulent s'assurer que le chien obtient un excellent foyer – un endroit où le chien pourra vivre heureux le reste de ses jours. Ils essaieront également de vous mettre en relation avec un chien adulte qui est idéal pour l'environnement que vous offrez et le style de vie que vous menez.

Si vous êtes intéressé par un Pembroke Welsh Corgi adulte, vous pouvez visiter le site du Club Français des Amateurs du Welsh Corgi Pembroke pour plus de détails.

Si vous préférez un Cardigan Welsh Corgi, consultez l'Association de Sauvetage des Welsh Corgis Cardigan pour plus d'informations.

Avertissement concernant les Jeunes Enfants et Autres Animaux

Les Corgis adultes ont déjà une personnalité établie, et cette personnalité peut ne pas bien s'accorder avec les jeunes enfants et les autres animaux. Bien qu'ils ne soient généralement pas des chiens agressifs, certains Corgis peuvent être territoriaux. Ils ne sont pas non plus enclins à reculer (ils ne le pouvaient pas lorsqu'ils faisaient face au bétail), et cela peut ne pas bien se passer si vous avez déjà un chien territorial à la maison, ou un chien avec une personnalité alpha.

Les jeunes enfants posent un problème différent car les Corgis adultes n'ont peut-être pas été élevés avec des enfants. Cela pourrait les amener à être moins patients avec les cris et les jeux brutaux des jeunes enfants. Ils peuvent également être enclins à mordiller les talons des enfants si cette caractéristique n'a pas été éliminée par l'éducation dès leur plus jeune âge. Ce n'est pas qu'ils veulent blesser les enfants, ils veulent simplement les rassembler et les guider, un comportement qui peut effrayer les enfants.

Crédit photo :
Janet Maddox

Choisir entre le Pembroke et le Cardigan

L'un des meilleurs aspects de l'adoption d'un Corgi adulte est que sa personnalité est déjà établie. Cela signifie que vous pourrez savoir si le chien plus âgé correspond aux personnalités communes des deux types.

Le Pembroke a tendance à être plus amical et plus heureux, ce qui facilite son implication dans les choses que vous faites, peu importe où vous êtes. Vous pouvez demander aux sauveteurs si l'adulte ressemble davantage à un Pembroke typique pour savoir lequel des chiens adultes présente le plus étroitement le type de personnalité que vous recherchez.

- Les Cardigans sont plus intelligents, plus réfléchis et plus protecteurs. Cela signifie que vous pouvez demander si le chien secouru possède les caractéristiques requises pour un mode de vie plus sédentaire (bien qu'il ne doive pas être trop sédentaire – cela vous évite simplement d'avoir à divertir le chien en permanence).

- Il sera considérablement plus facile de trouver le chien qui correspond à la personnalité que vous souhaitez puisque la personnalité du chien est déjà établie. Vous pouvez également demander si les problèmes communs aux deux types seront un problème afin de savoir si vous devez planifier de commencer l'éducation ou si vous devriez continuer à chercher un autre Corgi adulte.

Il sera considérablement plus facile de trouver le chien qui correspond à la personnalité que vous souhaitez, étant donné que la personnalité du chien est déjà établie. Vous pouvez également demander si les problèmes communs aux deux types poseront un problème, afin de savoir si vous devez prévoir de commencer l'entraînement ou si vous devez continuer à chercher un autre Corgi adulte.

CHAPITRE 5

Préparer l'arrivée de votre chiot

L'excitation grandit beaucoup lorsqu'on attend l'arrivée d'un chiot Corgi à la maison. Il y a également beaucoup de préparatifs à faire pour vous assurer d'être prêt à assumer les responsabilités d'un parent canin. Avec un petit chiot intelligent et plein d'énergie, vous aurez beaucoup à faire pour l'empêcher de se mettre dans des situations délicates. La meilleure façon d'y parvenir est de sécuriser votre maison pour votre chiot, en commençant au moins un mois avant son arrivée.

Préparer vos enfants

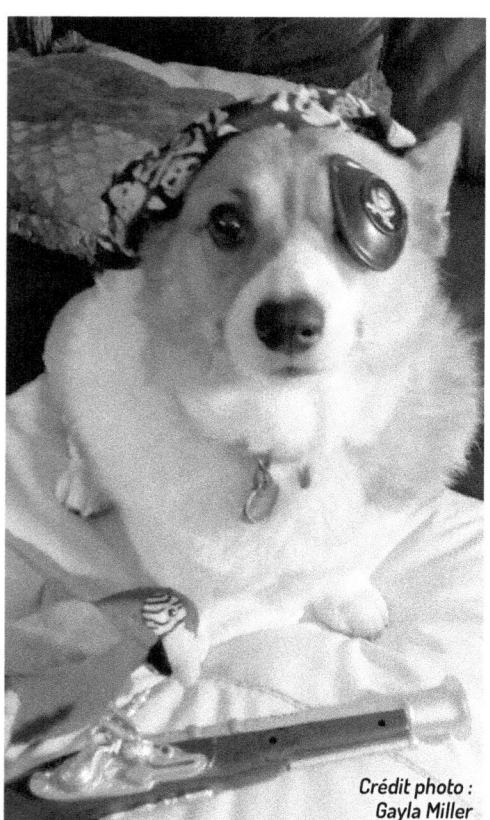

Crédit photo :
Gayla Miller

La préparation initiale commence dès que vous décidez d'adopter un chiot Corgi. Vos enfants seront probablement ceux qui passeront le plus de temps avec le chiot, ce qui signifie que vous devez vous assurer qu'ils sachent comment se comporter avec lui et le manipuler correctement. Une fois le chiot arrivé, il sera trop tard pour essayer d'instaurer des comportements appropriés.

Le mieux est d'établir les règles et de répartir les responsabilités avant même que le chiot ne soit en âge d'arriver. Vous devrez rappeler ces points plusieurs fois, y compris le jour de l'arrivée du chiot.

Lorsque les enfants commenceront à jouer avec le chiot, vous pourrez leur rappeler fer-

mement comment se comporter s'ils deviennent trop brusques ou excités avec lui.

Voici les cinq règles d'or que vos enfants devraient comprendre avant
l'arrivée du chiot :

1. Il faut jouer en douceur. Leur apparence de boule de poils est trom-
   peuse car elle cache à quel point les chiots Corgi sont en réalité frag-
   iles et petits. Il n'y a jamais de moment où jouer brutalement avec un
   jeune chiot est acceptable.

2. Vous devez établir des règles strictes concernant ce qui se passera si
   vos enfants commencent à être trop brusques. Un chiot qui mordille
   et mord lorsqu'un enfant joue brutalement n'est pas responsable –
   c'est la faute de l'enfant. Assurez-vous que votre enfant comprenne
   cela pour des moments de jeu sûrs et paisibles.

3. Le jeu de poursuite est réservé à l'extérieur. Lorsque les enfants sor-
   tent avec le chiot et un adulte, la poursuite peut être acceptable (si le
   chiot est partant). Cela n'est jamais acceptable à l'intérieur de la maison. Courir à l'intérieur crée l'une des deux impressions dangereuses chez un chiot – soit il apprend qu'il n'est pas en sécurité même à
   l'intérieur, soit il apprend que courir dans la maison est normal. Vous
   ne voulez pas que votre Corgi adulte fonce à travers la maison en
   renversant les gens parce que cela était considéré comme acceptable quand il était petit.

4. Laissez le chiot tranquille pendant les repas. Cela concerne le moment où le chiot mange (bien que vous puissiez également l'appliquer lorsque vos enfants mangent, car vous ne voulez pas que votre
   Corgi pense que votre nourriture est à sa disposition). Vous ne voulez
   pas que le chiot se sente en insécurité lorsqu'il mange. Les chiots
   Corgi ne sont généralement pas susceptibles de créer trop de problèmes si les enfants les dérangent, mais vous ne voulez vraiment pas
   que votre chien ait l'impression de devoir défendre sa nourriture.
   C'est injuste pour le chien. Et les Corgis âgés sont protecteurs, ce qui
   peut entraîner des morsures si le Corgi a appris à défendre sa nourriture dès son plus jeune âge.

5. Laissez le chiot au sol. Assurez-vous d'expliquer cela particulièrement aux jeunes enfants. Les gens veulent prendre et jouer avec les
   chiots, mais c'est incroyablement inconfortable pour le chiot. Les enfants voudront traiter le chiot comme un bébé, ce qui peut le rendre
   à la fois mal à l'aise et craintif. Plus l'enfant est jeune, plus il lui sera
   difficile de tenir un chiot qui se débat. Quand les enfants découvrent
   que le chiot a une morsure très forte, ce n'est pas la faute du chiot –
   les enfants ne devraient pas le soulever en premier lieu. Il existe de

nombreuses activités amusantes qui peuvent être pratiquées au sol, alors les enfants devraient y laisser le chiot pour jouer. N'oubliez pas de vous appliquer cette règle aussi pour donner le bon exemple.

6. Gardez tout ce que vous estimez hors de portée de vos enfants. Il n'y a vraiment pas d'âge où vos objets de valeur sont en sécurité quand il s'agit d'enfants et de chiots. Même les adolescents sont susceptibles de prendre des choses avec lesquelles ils devraient savoir qu'il ne faut pas jouer avec un chiot. La curiosité amène les enfants à ne pas réfléchir s'ils doivent ou non présenter quelque chose au chiot. Si vous ne voulez pas que vos enfants et votre chiot détruisent quelque chose, assurez-vous que cet objet ne soit jamais à portée de main.

Préparer vos chiens actuels

Une fois que vos enfants comprennent les règles, vous devez commencer à préparer vos chiens actuels à l'arrivée prochaine du chiot. Bien sûr, vous aurez besoin d'une approche complètement différente car

Crédit photo : Kandace Wilkens

votre chien ou vos chiens ne comprendront pas si vous vous asseyez et essayez de leur expliquer les règles.

Voici comment vous pouvez commencer à préparer vos autres chiens à la nouvelle arrivée :

- Évaluez la personnalité de votre chien. Si votre chien n'a jamais eu de problèmes avec d'autres chiens, vous êtes probablement tranquille. Si votre chien a déjà montré des tendances territoriales, vous devrez être très prudent. Si votre chien est excitable, vous devrez réfléchir à des moyens de l'aider à se calmer afin qu'il ne soit pas trop brusque avec le chiot.

- Pensez aux moments où vous avez reçu d'autres chiens chez vous. Si votre chien était territorial, cela pourrait indiquer que vous devrez être particulièrement prudent lors de l'introduction du nouveau chiot dans votre maison. Si vous n'avez jamais reçu un autre chien, vous pourriez envisager d'inviter un ami avec un chien ou deux pour évaluer la réaction de votre chien. La personnalité d'un chien peut être significativement différente lors d'une promenade par rapport à la maison.

- Réfléchissez si vous avez déjà vu votre chien manifester un comportement protecteur ou possessif. La nourriture est la cause la plus fréquente de comportement possessif, mais les chiens peuvent également être possessifs ou protecteurs envers les jouets et les personnes.

- Assurez-vous que l'espace réservé au chiot soit une zone où votre chien ne peut pas aller. Votre nouveau Corgi ne devrait pas interagir avec d'autres chiens sans surveillance. Vous devrez également vous assurer qu'aucune des affaires de votre chien (y compris son fauteuil préféré ou d'autres meubles) ne se trouve dans l'espace du chiot.

- Prévoyez que votre chien rencontre le chiot pour la première fois à l'extérieur de la maison. Désignez un endroit neutre pour la première rencontre. Cela garantira que votre chien ne se sente pas territorial lors de la rencontre avec le chiot, leur donnant une chance de faire un peu connaissance.

- Assurez-vous d'avoir au moins un autre adulte présent pour la rencontre initiale. Cela vous évitera de devoir gérer seul un chien excité et un chiot énergique. L'alpha de la maison ou les deux personnes qui seront responsables du chien et du chiot devraient être présents lors de cette première rencontre afin que votre nouveau chiot et votre chien voient la hiérarchie de votre foyer.

Vous devrez peut-être prendre la période d'introduction très lentement, selon la personnalité de votre chien. Il vous faudra peut-être une semaine pour que le chien et le chiot s'habituent l'un à l'autre. N'oubliez pas que vous changez complètement la dynamique de la maison, et votre chien pourrait ne pas en être très content. Si votre chien est plus âgé, cela pourrait être incroyablement difficile, et il y a de fortes chances qu'il exprime cette frustration sur le chiot. Assurez-vous qu'ils soient tous deux en sécurité et heureux avant de les laisser interagir régulièrement.

Si vous avez plusieurs chiens, toutes ces règles s'appliquent toujours. Vous devrez tenir compte de la personnalité de chaque chien et surveiller attentivement son comportement avec le chiot. L'introduction devra peut-être se faire avec un chien à la fois pour ne pas submerger le chiot. Présenter chaque chien un par un les aidera à se calmer un peu avant de réunir tous les chiens en même temps.

Aliments dangereux

Il existe de nombreux aliments que les humains mangent qui sont dangereux ou mortels pour les chiens. Certains de ces aliments sont bien connus (même par ceux qui n'ont jamais eu de chien), tandis que d'autres sont surprenants.

Vous avez vraiment du pain sur la planche avec les Corgis, car ils adorent manger. Voici une liste d'aliments auxquels vous devez vous assurer que votre Corgi n'ait jamais accès, car ils sont potentiellement mortels s'ils sont consommés par un chien :

- Pépins de pomme
- Chocolat
- Café
- Os cuits (ils peuvent être mortels lorsqu'ils se brisent dans la gueule ou l'estomac du chien)
- Épis de maïs (c'est l'épi qui est mortel pour les chiens, le maïs sans épi est acceptable, mais vous devez vous assurer que votre Corgi ne puisse pas atteindre du maïs encore sur l'épi)
- Raisins frais/secs
- Noix de macadamia
- Oignons et ciboulette
- Pêches, kakis et prunes

- Tabac (votre Corgi ne saura pas que ce n'est pas un aliment et pourrait le manger s'il est laissé à portée)
- Xylitol (un substitut du sucre dans les bonbons et les produits de boulangerie)
- Levure

En plus de ces aliments potentiellement mortels, il existe une longue liste de choses que votre chien ne devrait pas manger pour des raisons de santé. Le magazine canin « Canine Journal » propose une liste détaillée d'aliments à éviter. Elle comprend des choses comme l'alcool et d'autres produits que les gens donnent aux chiens en pensant que c'est amusant. N'oubliez pas que les chiens ont un métabolisme très différent et que l'effet de ces aliments sur eux est beaucoup plus fort que l'effet sur les humains.

Pour la santé de votre Corgi, il est préférable de garder tous ces aliments hors de portée, même s'ils ne sont pas mortels.

Dangers à corriger

Votre maison est remplie de choses potentiellement dangereuses pour votre Corgi. Préparer votre maison va être une entreprise relativement chronophage, mais finalement utile car elle vous aidera à garder votre chiot en sécurité.

Vous devriez commencer à sécuriser votre maison pour le chiot au moins un mois avant de ramener votre nouveau Corgi à la maison. Ce qui suit vous aidera à vous faire une idée de ce que vous devrez faire, bien qu'il puisse y avoir plus ou moins à faire selon votre maison.

Cuisine et espaces de repas

La cuisine contient beaucoup de choses dangereuses en dehors de la nourriture. Les éléments les plus dangereux dans la cuisine sont facilement les poisons et les produits de nettoyage. Tout comme vous les sécuriseriez pour un petit enfant, vous devez les sécuriser pour votre chiot Corgi. N'oubliez pas que ce sont des chiens exceptionnellement intelligents, et à un moment donné, ils vont probablement comprendre comment ouvrir vos placards si vous ne les sécurisez pas.

Vous devrez également être vigilant en rangeant les produits toxiques. Les laisser sur les comptoirs n'est pas sûr car, peu importe la petite taille de votre Corgi, il existe toujours un potentiel pour que ce petit chiot monte sur les comptoirs par des moyens auxquels vous n'avez jamais pensé. À aucun moment vous ne devriez laisser des produits toxiques dans un endroit non sécurisé de votre cuisine.

La poubelle se transforme également d'un simple réceptacle à déchets en un danger potentiel. Tout ce que vous y mettez peut être déterré par un Corgi si vous ne prenez pas les précautions nécessaires. Vous pouvez enfermer la poubelle dans un garde-manger ou un placard, ou vous pouvez vous procurer une poubelle verrouillable. Quelle que soit votre choix, assurez-vous que la poubelle soit toujours verrouillée là où votre Corgi ne peut pas l'explorer.

Vous devrez vous assurer qu'il n'y a pas de cordons électriques autour de la cuisine que le Corgi pourrait tirer ou sur lesquels il pourrait trébucher. Vous ne voulez pas que votre mixeur soit tiré du comptoir et s'écrase au sol parce que le cordon pendait sur le côté du comptoir. La même chose s'applique aux cordons des stores. Gardez-les bien au-dessus du sol et hors de portée de votre Corgi.

Salle de bain et buanderie

Vous devrez faire la même sécurisation dans la salle de bain que dans la cuisine. Les produits toxiques doivent toujours être rangés là où le chiot ne peut pas les atteindre, et les poubelles verrouillées pour qu'elles ne puissent pas être explorées.

Gardez également les toilettes fermées. Les chiots Corgi peuvent faire des choses auxquelles vous ne vous attendriez pas, alors assurez-vous qu'ils ne puissent pas accéder aux toilettes. N'utilisez jamais de nettoyants automatiques pour toilettes. Dans le cas où quelqu'un laisserait le couvercle des toilettes relevé, votre Corgi va essayer d'y boire. Assurez-vous que lorsque cela se produit, votre chien ne boive pas de produits toxiques.

Votre buanderie devra également être sécurisée, mais généralement c'est considérablement plus facile. Pour l'essentiel, vous devez vous assurer qu'il n'y a pas de linge sale à portée de votre chiot ou de votre chien. Ce ne sera généralement pas dangereux, mais vous ne voulez pas que votre chien traîne des sous-vêtements sales dans toute la maison. Il y aura également des moments où des choses se retrouveront dans la machine à laver avec des substances potentiellement toxiques (comme des vêtements avec de l'eau de Javel ou de l'huile). Vous devez prendre l'habitude de garder les vêtements sales hors de portée de votre Corgi. Si vous avez une buanderie, la solution est simplement de garder la porte fermée en permanence. Cela vous évitera également la surprise d'une visite d'urgence chez le vétérinaire après que votre Corgi ait mangé une chaussette ou un collant.

Crédit photo :
Virginia Godwin

Autres pièces

Assurez-vous de garder les cordons hors de portée, qu'il n'y ait pas de produits de nettoyage dans la maison et que tous les objets potentiel-lement dangereux soient rangés quelque part en sécurité. Si vous avez une cheminée, assurez-vous que tous les produits de nettoyage et les outils soient quelque part où votre Corgi ne peut pas les atteindre pour jouer. Vous devez également garder le foyer fermé pour que votre Corgi ne puisse pas y accéder.

Pour les escaliers, utilisez une barrière pour empêcher votre Corgi de tomber. Pour les tables, assurez-vous de ne pas laisser quoi que ce soit de dangereux, comme des ciseaux ou du matériel de couture, là où votre chiot pourrait grimper. Les stylos, crayons et autres outils doivent être gardés hors de portée, ainsi que les objets de valeur et tout ce que vous ne voulez pas que votre Corgi mâchouille.

Pour les propriétaires de chats, la litière doit être rangée quelque part où votre chat peut aller mais pas votre Corgi. Cela signifie probable-ment apprendre à votre chat à utiliser la litière dans un nouvel endroit, alors assurez-vous de déplacer la boîte bien avant l'arrivée du chiot. Cela vous évitera d'avoir un chat qui a deux raisons d'être en colère contre vous.

Garage

Les garages sont un lieu d'excitation et de danger pour les Corgis. Avec tous les produits chimiques et les objets dangereux, votre Corgi ne devrait jamais être laissé seul dans le garage. Bien sûr, vous ne pouvez probablement pas empêcher votre Corgi d'être dans le garage (au moins quand vous emmenez votre chiot quelque part, il passera par le garage). Cela signifie que vous devrez prendre le temps de le sécuriser également.

Tous les outils, équipements et articles liés à l'entretien des voitures (ou tout ce qui a un moteur ou des roues) doivent être rangés quelque part avec un verrou. Cela inclut des choses comme les souffleurs de feuilles et les outils de vélo. Votre chiot est tout aussi susceptible d'essayer de mâcher un pneu de vélo que de laper de l'antigel ou d'essayer de se rouler dans de l'engrais. Gardez tout cela quelque part où le chiot ne peut pas aller.

L'équipement de pêche doit également être organisé et rangé dans un endroit que votre chiot ne peut pas atteindre. Il peut être dans un placard ou en hauteur sur une étagère. Si vous le rangez en hauteur, assurez-vous qu'il n'y ait aucun moyen d'y grimper. Ne laissez aucune partie de l'équipement pendre sur le côté du comptoir.

Vous devriez prendre du recul et examiner votre garage du point de vue d'un tout-petit, puis vous baisser et le regarder sous l'angle d'un Cor-

Credit photo :
Michele Eathorne

gi. Tout ce qui semble pouvoir attirer l'attention et causer des problèmes doit être déplacé bien hors de portée.

Extérieur et clôture

Ne laissez jamais votre chiot Corgi dehors sans surveillance. Trop de choses peuvent se produire lorsque votre chiot n'est pas surveillé. Même si vous avez une clôture, vous ne pouvez pas laisser le petit chiot dehors sans que quelqu'un ne le surveille en permanence.

Cela ne vous prendra pas autant de temps pour sécuriser l'extérieur que l'intérieur, mais vous devriez quand même prévoir une heure ou deux car vous allez regarder les choses d'une toute nouvelle façon.

Inspectez la clôture pour vous assurer qu'il n'y a pas de ruptures, de trous ou de problèmes potentiels. Assurez-vous qu'il n'y a pas d'espaces sous le bas pour que votre Corgi puisse creuser un tunnel. Si vous voyez des espaces, des trous ou des zones cassées, faites-les réparer avant l'arrivée du chiot. Votre Corgi essaiera de passer à travers dès qu'il les remarquera, et c'est dangereux dans le cas où votre Corgi s'échappe ou se retrouve coincé.

Sélectionnez une zone que vous souhaitez que votre Corgi utilise comme toilettes. Une fois que vous savez où vous voulez que votre chiot aille, assurez-vous qu'il n'y a rien de toxique ou de dangereux dans la zone. Même un bain d'oiseaux est un danger potentiel, alors choisissez bien la zone.

Sélectionnez une zone différente pour jouer afin d'aider votre Corgi à savoir quand vous vous attendez à ce que les besoins soient faits et quand c'est l'heure de jouer. Votre Corgi apprendra vite. Donnez à l'aire de jeu la même inspection que celle que vous avez donnée à la zone à utiliser pour les toilettes.

Faites le tour de votre jardin et assurez-vous que tous les produits chimiques et les outils potentiellement dangereux sont mis hors de portée. Si vous avez un abri de jardin, verrouillez-le et assurez-vous que le Corgi ne puisse pas y entrer.

Assurez-vous qu'aucune des plantes de votre jardin ne présente un danger pour votre chien. Il y a de fortes chances que votre chiot les mâchouille, alors assurez-vous qu'il n'y ait pas de danger potentiel lorsque cela se produit.

Assurez-vous que toutes les zones d'eau, comme les piscines et les petits étangs, sont sécurisées. Votre foyer ou votre barbecue doivent être sécurisés pour que votre chiot ne puisse pas y jouer.

Faites le tour de votre jardin et réfléchissez-y du point de vue d'un petit enfant. Cela vous aidera à identifier d'autres dangers potentiels qui doivent être traités avant l'arrivée du chiot.

Fournitures et outils à acheter et à préparer

Vous devez avoir tout acheté et prêt avant l'arrivée de votre chiot. Même la liste la plus basique est assez longue, alors commencez vos achats un mois ou deux à l'avance. Voici la liste des éléments de base :

- Cage
- Couchage
- Laisse
- Sacs pour déjections canines lors des promenades
- Collier
- Médailles d'identification
- Nourriture pour chiot
- Gamelles d'eau et de nourriture (partager une gamelle d'eau est généralement acceptable, mais votre chiot a besoin de sa propre gamelle de nourriture si vous avez plusieurs chiens)
- Brosse à dents
- Brosse
- Jouets

Si vous pensez à autre chose que vous aimeriez obtenir, ajoutez-le à la liste. Cela pourrait inclure des choses comme des traitements anti-puces pour quand votre chiot atteindra l'âge où vous devez commencer les traitements.

Les outils d'éducation et les friandises doivent être sur votre liste, alors sachez comment vous prévoyez d'éduquer votre chien, y compris l'apprentissage de la propreté. Si vous prévoyez de commencer l'éducation à l'intérieur, vous aurez besoin du bon équipement. L'éducation (tant pour la propreté que pour le comportement) commencera dès la première semaine de l'arrivée de votre chiot, vous devez donc avoir tout prêt à l'avance.

De plus, si vous prévoyez d'entraîner votre chiot Corgi à faire des parcours d'agilité, vous voudrez peut-être vous procurer quelques-uns des éléments de base. Ce sera un peu tôt les deux premiers mois pour commencer l'entraînement, mais avant que vous ne vous en rendiez compte, votre Corgi sera prêt pour quelque chose de nouveau et d'excitant, et les parcours d'agilité peuvent donner à votre chiot l'excitation et l'exercice qui le garderont trop fatigué pour mal se comporter.

Planifier le budget de la première année

Les chiots ne sont peut-être pas aussi coûteux que les enfants, mais ils peuvent quand même coûter une somme considérable. Cela signifie que vous devez créer un budget pour disposer de fonds suffisants pour tous les éléments essentiels, tels que les visites régulières chez le vétérinaire et les vaccins, la nourriture et les fournitures.

Crédit photo :
Cassie Thwaites

57

Il est évident que vous allez finir par dépenser plus que prévu, alors essayez d'intégrer une marge dans votre budget pour les fournitures de votre Corgi.

Le meilleur moment pour commencer votre budget pour chiot est le jour où vous décidez d'en adopter un. Selon toute vraisemblance, vous allez devoir passer beaucoup de temps à rechercher les choses que vous devrez faire au cours de cette première année. Les vétérinaires ont des prix différents selon les villes et les départements, vous devrez donc trouver celui qui a une excellente réputation et combien coûtera chaque visite cette première année. Il y a beaucoup de choses que les Corgis peuvent faire, donc si vous voulez vous impliquer dans une organisation, ou même simplement dans l'éducation canine de base, vous devrez faire des recherches.

Les chiots peuvent être beaucoup plus coûteux que la plupart des gens ne le réalisent. C'est pourquoi vous devez commencer à budgétiser immédiatement et vous assurer d'avoir bien fait vos devoirs bien avant l'arrivée de votre Corgi.

Gardez les choses hors de portée

C'est incroyablement important de comprendre lorsque vous introduisez un Corgi dans votre maison. Ils ne sont pas seulement intelligents, ils sont beaucoup plus agiles que vous ne le penseriez avec cette silhouette trapue. C'est une race qui peut gagner des concours d'agilité, et ce n'est clairement pas en raison de sa silhouette athlétique et élancée. Cette race est intelligente et sait comment utiliser sa silhouette trapue pour faire des choses auxquelles vous ne vous attendriez pas.

Une petite histoire sur leur intelligence et leur résolution de problèmes

Il y avait une famille qui avait un Corgi et qui a remarqué que de la nourriture disparaissait de la table. Ils n'avaient aucune idée de comment cela se produisait, alors ils ont filmé la cuisine pour voir ce qui se passait.

Entre leur Corgi.

Le chien a déplacé la chaise de cuisine de sous la table, a sauté sur la chaise et a facilement atteint la nourriture. Une fois que le chien a fini de manger, il était temps de cacher les preuves. Une fois au sol, le Corgi a repoussé la chaise sous la table.

Les Corgis savent ce qu'ils veulent et cherchent toujours des moyens de l'obtenir. Si vous ne voulez pas que votre Corgi grignote votre nourriture ou s'empare de choses dangereuses, la seule façon de vraiment sécuriser vos affaires est de les garder dans un endroit où le Corgi ne peut pas les atteindre – ou y accéder en déplaçant quelque chose. Généralement, les verrous sont la solution la plus simple.

Clairement, hors de portée pour un Corgi est entièrement différent de ce que c'est avec presque toute autre race. Tous les Corgis ne sont pas aussi concentrés et déterminés, mais il vaut mieux pécher par excès de prudence et s'assurer de ne pas laisser par inadvertance un puzzle à résoudre pour votre Corgi. Votre Corgi n'est pas un mauvais chien – il est la créature incroyablement intelligente qu'il a été élevé pour être. De plus, votre Corgi n'aime pas être seul et n'aime pas s'ennuyer. S'assurer que ces deux choses n'arrivent pas souvent (et certainement pas en même temps) aidera beaucoup. Cependant, la meilleure solution est de toujours garder les choses quelque part en sécurité si vous ne voulez pas que votre Corgi les attrape.

Résumé

Avec un Corgi, c'est un jeu constant pour devancer votre chien par la réflexion. Votre chiot sera incroyablement amusant, mais il y aura beaucoup d'apprentissage au cours des premiers mois. Pour vous assurer de ne pas être distrait, préparez tout bien avant l'arrivée de votre chiot.

N'oubliez pas de préparer également vos autres animaux de compagnie. Ce sera une période très stressante pour eux, et vous voulez leur faire savoir que vous vous souciez toujours d'eux ; vous ne faites qu'agrandir la famille. Vous devrez également prévoir de passer du temps seul avec vos animaux actuels après le retour du chiot à la maison. Si vous intégrez cela dans le programme maintenant, vos animaux seront moins anxieux plus tard lorsqu'il sera évident que le programme n'est pas entièrement différent.

CHAPITRE 6

La Première Semaine

Dès que vous ramenez votre chiot Corgi à la maison, pratique-ment tout change. C'est une expérience que vous n'oublierez ja-mais. Commencer avec un chiot signifie partir avec tout le potentiel que votre petit compagnon possède – c'est un engagement à vous assurer que votre Corgi soit élevé et éduqué d'une manière qui le rendra heu-reux et en bonne santé.

Ces sept premiers jours établissent beaucoup de choses concer-nant le type d'environnement dans lequel le chiot va vivre, les premières étapes pour transformer ce potentiel en votre chien parfait. Maintenant que vous avez terminé toutes les sécurisations nécessaires pour accueil-lir votre chiot, vous pouvez commencer les choses amusantes – les soins, l'éducation et le plaisir d'avoir un Corgi.

Préparation et Planification

Le moment de commencer est en réalité avant l'arrivée de votre chiot – la planification et la préparation. Vous devez vous assurer que tout est prêt pour votre Corgi, afin de ne pas avoir à improviser au dernier mo-ment (vous en ferez déjà suffisamment comme ça).

Commencez par une dernière vérification pour vous assurer que vous avez correctement sécurisé votre maison pour le chiot. Les chiots Corgi sont petits, vous devrez donc peut-être vous mettre au niveau du sol pour voir votre maison de leur point de vue. Cela devrait être fait au cours de la semaine précédant l'arrivée de votre chiot.

Préparez une liste de tout ce dont votre chiot aura besoin dès le dé-but. Cette liste devrait inclure (sans s'y limiter) les éléments suivants :

- Nourriture
- Couchage
- Cage de transport
- Jouets
- Gamelles d'eau et de nourriture
- Laisse

- Collier
- Friandises

Si vous prévoyez de confiner votre chiot dans une zone particulière de votre domicile, vous aurez également besoin de barrières et d'accessoires pour vous assurer que votre Corgi ne puisse pas sortir de l'espace qui lui est désigné. Vous devriez avoir tout ce qui est mentionné dans cette liste avant que le chiot n'arrive chez vous, car vous n'aurez pas le temps d'aller les acheter plus tard (surtout pas le premier jour où vous aurez votre chiot).

Crédit photo : Caitlin Cassity

Asseyez-vous avec votre famille et assurez-vous que tout le monde comprend les règles, en particulier les enfants. Ils doivent être formés à la manipulation appropriée du chiot, et vous devrez être aussi strict avec vos enfants qu'avec votre chiot en ce qui concerne les soins du nouveau membre de la famille. Assurez-vous de savoir qui est responsable des soins de base du chiot (alimentation et promenades). L'éducation devrait être la tâche de tous, mais il y aura probablement un éducateur principal. Vous pouvez établir une responsabilité partagée si vos enfants veulent aider – un enfant et un adulte qui s'assurent que le chiot reçoit la nourriture et l'eau nécessaires chaque jour, par exemple.

Enfin, prévoyez d'établir une routine pour votre chiot Corgi. Il est presque certain que le plan changera, mais vous devez avoir un point de départ pour intégrer l'éducation et les soins réguliers dans la journée, tous les jours. Vous pourrez ajuster l'emploi du temps selon les besoins, mais ayez un programme avec lequel vous pouvez travailler avant l'arrivée du chiot. Une fois chez vous, le chiot va occuper suffisamment votre temps pour que vous n'ayez pas le temps de penser à grand-chose d'autre.

Durant cette dernière semaine avant l'arrivée de votre chiot, assurez-vous que tout est planifié et prêt. Ce ne sera jamais tout à fait suffisant, mais c'est bien mieux que d'improviser avec un chiot intelligent qui pourrait utiliser votre manque de planification à son propre avantage canin.

Le Trajet du Retour

L'éducation commence dès le moment où le chiot Corgi monte dans votre voiture. Tout ce que le chiot doit savoir commence pendant ce premier trajet.

Oui, vous serez tenté de câliner, de jouer et de faire des exceptions aux règles, mais c'est exactement le genre de comportement qui va compromettre votre éducation. Votre chiot apprend à vous connaître dès cette première impression, et vous voulez que cette impression soit que vous êtes celui qui dirige. Ce petit visage adorable est soutenu par beaucoup d'intelligence, et il va utiliser ce qu'il apprend pendant le premier trajet en voiture pour comprendre la nature de votre relation.

Tous les chiens de travail intelligents nécessitent une main ferme et cohérente dès le début – les Corgis ne font pas exception. Le premier trajet aide le chiot à comprendre la structure et l'organisation de la meute.

Si possible, vous devriez être deux adultes pour le trajet. Renseignez-vous pour savoir si le chiot a déjà été dans un véhicule auparavant, et si ce n'est pas le cas, assurez-vous d'avoir quelqu'un d'autre présent pour ce premier trajet. Une personne conduira et l'autre réconfortera le chiot. Même si les Corgis ne sont pas enclins à avoir peur, les voitures ne sont pas un phénomène naturel et ce premier trajet peut être effrayant. Commencez à apprendre à votre chiot à quel point les trajets en voiture peuvent être agréables.

Si vous prévoyez d'utiliser une cage de transport pour le trajet de retour, assurez-vous que le chiot sera en sécurité. Vous ne voulez pas que la cage bouge et se déplace avec le Corgi à l'intérieur. Être secoué et se sentir impuissant n'est pas une excellente première impression des voyages en voiture.

Les Frayeurs des Premières Nuits

Les premières nuits loin de Maman peuvent être intimidantes, voire carrément effrayantes. Cependant, il y a une limite à ce que vous devriez faire pour rassurer votre chiot, car à un moment donné, le chiot apprend que certains comportements négatifs donnent des résultats. C'est un exercice d'équilibre qui sera difficile à réussir, mais qui en vaudra finalement la peine. Votre travail consiste à apprendre à votre chiot que la nuit n'est pas si effrayante et que votre maison est sûre.

Si vous voulez garder votre Corgi hors des lits, vous devez commencer maintenant. Cela signifie que vous ne pouvez pas amener le chiot sur le lit la nuit. Une fois que vous permettez à votre Corgi de monter sur le lit, il sera impossible de convaincre ce canidé que vous voulez dire « pas de chiens sur le lit ».

Il y aura des bruits et des sons inhabituels, et votre chiot Corgi les entendra tous. En retour, votre chiot fera probablement aussi beaucoup de bruit. Ces bruits vous indiquent que le chiot est mal à l'aise, effrayé ou simplement seul. C'est à prévoir, compte tenu de la compagnie constante que le chiot avait dans son foyer précédent avec Maman et ses frères et sœurs.

Vous ne pouvez pas considérer ces bruits comme gênants pour vous, même s'ils le seront (surtout lorsque vous essayez de dormir). Ne déplacez pas le chiot plus loin de vous pour mieux dormir ou être moins ennuyé. Cela ne ferait qu'effrayer davantage votre chiot, provoquant de l'anxiété et renforçant la peur d'être dans votre maison. Peu importe à quel point les bruits vous dérangent, vous devez garder le chiot dans la pièce avec vous pendant ces premières nuits terrifiantes. Avec le temps, le chiot sera rassuré et calmé simplement par votre présence dans la pièce.

Allez-vous bien dormir ? Absolument pas. C'est un peu comme ramener un bébé humain à la maison ; ce bébé est juste plus poilu et plus petit. Cela fait partie des responsabilités lorsque vous choisissez un chiot plutôt qu'un chien adulte.

Vous devriez déjà avoir une zone de couchage désignée pour votre Corgi, qu'il s'agisse d'une cage, d'un enclos ou d'un panier. La zone doit être clairement délimitée du reste de la pièce avec des frontières dont le chiot ne peut pas s'échapper (pas pour un petit moment, en tout cas). Lorsque votre Corgi commence à faire du bruit, vous devez apprendre à ignorer ces bruits. Ce sera extrêmement difficile, et extrêmement nécessaire. Si vous cédez aux gémissements, aux pleurnicheries et aux pleurs maintenant, le chien s'attendra à ce que cela fonctionne à l'avenir (et deviendra plus bruyant chaque fois que vous essaierez de l'ignorer plus tard).

Enfin, vous avez besoin d'un plan pour les pauses toilettes. Il peut s'agir d'un petit espace dans la zone du chiot, ou de sorties toutes les quelques heures (selon la façon dont vous souhaitez apprendre la propreté à votre Corgi). Quelle que soit la méthode d'apprentissage de la propreté choisie, vous devrez vous lever pour aider votre chiot plusieurs fois pendant la nuit.

Première Visite chez le Vétérinaire

Vous devriez emmener votre nouveau chiot chez le vétérinaire dans les un ou deux jours suivant son arrivée chez vous. Cela vous aidera à vous assurer que votre chiot est en bonne santé et créera un rapport entre votre Corgi et le vétérinaire. Cette évaluation initiale de votre Corgi vous aidera à en apprendre davantage sur votre animal et vous donnera l'occasion de demander conseil au vétérinaire sur tout ce dont vous n'êtes pas sûr. Cette visite constitue la référence à partir de laquelle votre vétérinaire évaluera la croissance et le développement de votre chiot.

Le voyage suscitera certainement des émotions chez votre Corgi, que ce soit de l'excitation ou de l'anxiété. Il y a de fortes chances que votre Corgi veuille explorer tout ce qui se trouve dans le cabinet, en particulier les autres animaux. Après tout, c'est probablement la première occasion pour votre Corgi de socialiser avec d'autres animaux en dehors de votre maison. Assurez-vous de demander avant que votre chiot n'approche l'un des autres animaux du cabinet vétérinaire – vous ne voulez pas que la première rencontre avec un autre chien ou chat soit terrifiante. Vous voulez que l'autre animal soit calme ou intéressé (mais pas trop excité) à l'idée de rencontrer le chiot. Le propriétaire pourra vous dire si c'est acceptable ou vous avertir que ce n'est pas une bonne idée. N'oubliez pas que les animaux plus âgés peuvent être malades et ne pas se sentir bien. Les présenter à un chiot pourrait être risqué.

Assurez-vous également de donner à votre chiot des retours positifs pour son bon comportement au cabinet. Être réconfortant et affectueux apprendra à votre chiot que le cabinet vétérinaire n'est pas un mauvais endroit (ce qu'ils apprendront probablement après des visites répétées de « torture »). Créer un environnement positif aidera votre chiot à apprendre à être à l'aise même lors des visites chez le vétérinaire.

Le Début de l'Éducation

L'éducation commence dès que le chiot monte dans votre voiture, et elle se poursuivra tout au long de cette première semaine. Vous développerez cette éducation au cours des semaines et des mois à venir.

C'est le moment de commencer à minimiser les comportements que vous ne souhaitez pas.

Mordillements

Les Corgis sont des mordilleurs notoires. En tant que petits chiens, ils comptaient sur leur morsure pour faire passer le message aux bovins qui ignoraient leurs aboiements. Il y a de fortes chances que votre chiot commence à mordiller durant cette première semaine. Soyez prêt à corriger votre chiot dès la première fois que cela se produit.

Crédit photo :
Sunny Hanford

Aboiements

Si vous voulez que votre animal soit inhabituellement silencieux (pour un Corgi), vous devez commencer durant cette première semaine lorsque votre chiot aboie. Cela signifiera probablement quelques friandises supplémentaires, mais c'est ainsi que vous apprendrez à votre Corgi ce qu'est le calme. Votre chiot sera également bruyant lorsqu'il essaiera d'attirer votre attention, vous vous entraînerez donc également à réagir d'une certaine manière au bruit. Le faire maintenant sera beaucoup plus facile que de vous rééduquer plus tard.

La Laisse

L'apprentissage de la laisse sera probablement assez facile car votre Corgi sera excité à l'idée de sortir. Cette formation est en réalité autant pour vous que pour le chiot. Vous ne voulez pas prendre l'habitude de traîner le chiot loin des choses qu'il renifle. Vous devrez commencer à trouver des moyens de garder votre chiot en marche sans être trop autoritaire.

Crédit photo :
Cassie Thwaites

Enseigner le Respect

Avec tout chien intelligent, le respect est essentiel à l'éducation. Vous voulez apprendre à votre chiot à vous respecter sans vous craindre. La cohérence est le meilleur moyen d'y parvenir. Ne faites pas d'exceptions durant la première semaine, car vous vous battrez pour corriger cette leçon pour le reste de la vie de votre Corgi.

Acclimatation à une Large Gamme de Sons

L'ouïe exceptionnelle de votre Corgi sera évidente dès le début. Regardez ces oreilles se dresser et ce visage commencer à chercher la source du son. Vous voulez être avec votre chiot autant que possible, en exposant votre chien à autant de sons que vous le pouvez. Cela aidera votre chien à savoir quels sons sont sans danger, réduisant l'anxiété du chiot tout en l'aidant à apprendre quand il est acceptable d'aboyer.

Toilettage (Ils Perdent Leurs Poils ; Habituez-vous au Toilettage Constant)

Ce magnifique poil résistant à la saleté a un prix très élevé – la perte de poils ne s'arrête jamais.

Vous devriez prendre l'habitude de brosser votre chiot. Souvent. Au moins une fois par semaine, mais même plus si vous voulez lutter contre la perte de poils qui va se produire dans votre maison. Cela aidera à réduire la quantité de poils qui se répandront dans toute votre maison, et apprendra également à votre chiot comment se comporter pendant le toilettage. Vous pouvez répartir la responsabilité entre différentes personnes, en vous assurant que les enfants sont supervisés lorsqu'ils brossent le chiot. Ce devrait être une tâche agréable et rapide qui ne prend que quelques minutes (tant que vous toilettez souvent).

Ce n'est pas obligatoire, cependant. Si cela ne vous dérange pas d'avoir de petites boules de poils de Corgi qui se déplacent dans votre maison comme des herbes roulantes, il vous suffit de vous en tenir au toilettage de votre Corgi une fois par mois ou une fois par trimestre – préparez-vous simplement à beaucoup plus de tâches ménagères.

CHAPITRE 7

Le premier mois

À la fin de la première semaine, vous êtes probablement fatigué mais vous commencez déjà à cerner la personnalité de votre chiot. Avec une idée de ce qui fonctionne (et ce qui ne fonctionne probablement pas), vous pouvez consacrer le mois suivant à approfondir son éducation. Malgré son apparence d'adorable petite boule de poils pleine d'énergie, votre Corgi vous fera comprendre que vous avez du pain sur la planche (comme vous l'avez constaté durant cette première semaine).

Comme pour la plupart des tâches exigeantes, réussir l'éducation d'un chiot Corgi est extrêmement gratifiant. Les exercices et l'entraînement quotidiens commenceront à porter leurs fruits relativement rapidement, ce qui vous aidera à rester motivé. Le regard avide de votre chiot peut être une motivation encore meilleure. Et n'oubliez pas, quand votre Corgi est fatigué, il n'a plus d'énergie pour se comporter de façon inappropriée.

Gardez cela à l'esprit pendant ce premier mois.

Pas encore à pleine capacité

Lorsque votre Corgi sera adulte, vous pourrez l'emmener presque partout pour jouer, faire des randonnées et explorer. Pour l'instant, cependant, vous êtes largement confiné à la maison. Bien sûr, vous pourrez sortir pour apprendre à votre chiot à marcher en laisse, mais les sorties resteront généralement proches du domicile pendant ce premier mois. Vous devrez également fractionner les promenades et l'exercice pour les répartir tout au long de la journée (vous ne pouvez pas emmener votre chiot faire deux longues promenades – le petit n'a tout simplement pas l'énergie pour cela).

Du côté positif, la journée sera ponctuée de nombreuses siestes. Cela signifie qu'après une promenade, vous pourrez prévoir de travailler pendant que votre chiot récupère. Cependant, vous devez toujours confiner votre compagnon à quatre pattes dans son espace réservé. Si vous avez un couchage dans la pièce où vous travaillez, cela pourrait convenir, à condition que vous soyez prêt à interrompre ce que vous faites dès que le chiot se réveille.

À la fin du mois, vous remarquerez probablement que votre Corgi est capable d'aller beaucoup plus loin qu'au début. Vous devrez adapter votre routine aux besoins de votre Corgi. Cela pourrait signifier moins de promenades, mais presque deux fois plus longues.

Établir les règles et s'y tenir

Les Corgis aiment faire les choses à leur façon et, compte tenu de leur allure et de leur physique incroyablement mignons, ils sont tout à fait habitués à obtenir ce qu'ils veulent. Il est extrêmement facile de penser que votre nouveau chiot n'est pas prêt pour la fermeté dont vous savez qu'il aura besoin plus tard.

Ce n'est pas vrai – ils en ont plus besoin maintenant qu'ils n'en auront plus tard.

Si vous négligez de garder votre chiot sous contrôle, vous trouverez pratiquement impossible de prendre le contrôle ultérieurement. Après tout, vous avez déjà appris à votre chiot que vous n'êtes pas celui qui contrôle, et une fois que cette idée est ancrée dans la tête de votre Corgi, il n'y a vraiment rien que vous puissiez faire pour changer son opinion.

Crédit photo Caitlin Cassity

Vous serez tenté de laisser passer.

Votre chiot va essayer de vous convaincre qu'il a besoin de plus d'attention, de moins de règles et de plus de nourriture, mais vous devez faire comprendre à votre Corgi que c'est votre façon de faire qui prévaut dans la maison.

Si vous parvenez à traverser ce premier mois sans céder à ce sentiment qu'une exception ne fera pas de mal, vous aurez beaucoup plus de facilité avec votre Corgi. Votre jeune Corgi, encore influençable, apprendra à vous respecter dès le premier mois, et cela fait toute la différence. Vous pourrez commencer à faire des exceptions beaucoup, beaucoup,

beaucoup plus tard (quand votre chien aura environ cinq ou six ans). Il n'y a aucun moment pendant que votre Corgi est chiot où vous devriez faire des exceptions dans l'éducation et les règles.

Socialisation précoce

Les Corgis sont très individualistes, et s'ils ne sont pas socialisés, ils peuvent devenir de petites terreurs. Une socialisation précoce est essentielle pour garantir que votre Corgi se comporte bien en présence d'autres chiens et de personnes. La socialisation devrait être une activité sur laquelle vous vous concentrez pendant le premier mois après l'arrivée de votre Corgi.

Si vous avez de la famille et des amis possédant des chiens bien socialisés, organisez des rendez-vous de jeu avec eux. Vous pouvez soit inviter le chien chez vous, soit emmener votre chiot chez le chien (à moins que ce dernier ne soit territorial, auquel cas il est préférable de se rencontrer chez vous ou sur un terrain neutre). La socialisation peut même être intégrée à vos promenades si vous connaissez des personnes à proximité qui sont prêtes à promener leurs chiens avec vous et votre chiot.

Vous devez également socialiser votre Corgi avec des personnes. Ce sera probablement plus facile puisque vous avez juste besoin de personnes à proximité qui veulent jouer avec un chiot (oui, c'est assez facile à trouver). Cela peut inclure de jeunes enfants, mais vous devrez être très prudent. En raison de l'ouïe sensible du Corgi, vous voulez que les enfants soient suffisamment calmes pour ne pas crier et faire du bruit autour du chiot. Ils doivent également être assez âgés pour comprendre qu'il faut être doux avec le chiot. Si un enfant est brusque avec un chiot Corgi, ce dernier sera beaucoup plus susceptible de pincer et de mordre.

Efforcez-vous de faire de la socialisation une activité que vous pratiquez plusieurs fois par semaine, ou si vous pouvez le gérer, faites-en une activité quotidienne. Plus vous socialisez votre Corgi, plus vous pourrez profiter d'activités en ville, dans votre région ou dans tout le pays. Comme ils sont de taille transportable, vous voulez avoir un Corgi qui sera heureux de voir des personnes et d'autres chiens, et non un qui est méfiant et grincheux.

Vous devriez éviter les parcs à chiens à ce stade. Pendant ce premier mois, votre chiot a beaucoup à apprendre, et aller dans un parc à chiens l'exposera à de nombreuses choses sur lesquelles vous n'avez aucun contrôle. À ce stade, vous voulez que les rencontres et la socialisation du chiot se déroulent dans un environnement contrôlé.

Crédit photo :
Jae Ojala

Soyez également bienveillant envers vos animaux plus âgés à ce stade. Ils vont avoir besoin de faire des pauses loin de cette boule de poils pleine d'énergie qui ne comprend pas les limites et les frontières. Assurez-vous que votre animal plus âgé dispose de suffisamment de temps loin du chiot au cours de la journée. Si votre animal plus âgé est particulièrement irritable, il peut être préférable d'essayer de les tenir séparés la plupart du temps (voire tout le temps).

Friandises et récompenses vs. punitions

Lorsque les gens pensent à l'éducation canine, les friandises sont l'une des premières choses qui viennent à l'esprit, suivies rapidement par les punitions pour les chiots dans les premiers stades. Il y a des problèmes avec ces deux approches, et vous ne pouvez pas vous fier à une seule méthode pour éduquer votre chiot. C'est un exercice d'équilibre pour s'assurer que votre chiot apprend quand un comportement est bon et quand il est inacceptable.

En ce qui concerne les Corgis, cependant, le renforcement positif est bien meilleur – surtout le renforcement positif qui prend la forme de plus d'attention, d'activité et de jouets.

Il suffit de regarder un Corgi pour voir à quel point il est dangereux pour lui de prendre du poids. Vous ne voulez pas vous fier aux friandises pour éduquer votre nouveau membre de la famille (tout comme vous n'éduquez pas les enfants avec un flux constant de bonbons et de sucreries). Les friandises doivent être données avec parcimonie, et d'autres formes de renforcement positif doivent être accordées librement et souvent. Après tout, vous ne voulez pas que votre Corgi apprenne à vous écouter uniquement lorsqu'il y a de la nourriture en jeu.

Apprendre à votre chiot que vous êtes l'alpha et que vous devez être respecté est la meilleure façon de rendre les autres renforcements positifs plus efficaces. Les Corgis veulent que l'alpha soit content d'eux. S'ils vous respectent, la plupart des apprentissages seront incroyablement faciles.

Des punitions occasionnelles peuvent être nécessaires, notamment pour les mordillements. Gardez à l'esprit que la cage ne doit jamais être utilisée comme moyen de punir votre chien. Elle est destinée à être un espace sécurisé qui constitue le refuge de votre chien, pas une prison.

Crédit photo :
Cindy Duwe

Au lieu de cela, placez le chiot en isolement où il peut vous voir, mais ne peut pas interagir avec vous. Ensuite, vous devez ignorer le chiot, peu importe combien il aboie, gémit ou pleurniche pour attirer votre attention. Si vous êtes considéré comme le chef de meute, ce sera plus douloureux que toute autre forme de punition. Il est presque impossible de surestimer à quel point les Corgis veulent être avec leurs maîtres. Leur refuser l'accès tout en leur permettant de vous voir est un rappel brutal de la raison pour laquelle ils doivent se comporter d'une certaine manière.

Exercice – Encourager l'activité physique

Votre chiot n'est peut-être pas encore prêt pour ces longues promenades, mais cela ne signifie pas qu'il veut rester assis à la maison. C'est l'occasion idéale pour vous de commencer à prendre davantage conscience de votre propre sédentarité.

Ne vous inquiétez pas, vous voudrez faire faire de l'exercice à votre chiot, ne serait-ce que pour pouvoir profiter de quelques minutes de paix une fois l'exercice terminé. Prenez le temps de jouer avec votre chiot, que ce soit à l'intérieur ou à l'extérieur, afin de vous assurer que lorsqu'il sera adulte, il sera habitué à bouger et à faire de l'exercice. C'est absolument crucial pour les Corgis, car ils peuvent commencer à prendre du poids plus tard dans leur vie s'ils ne font pas assez d'exercice.

Soyez créatif dans les types d'activités que vous proposez (en gardant à l'esprit que votre chiot est encore un chiot). Il y aura des choses que votre nouveau membre de la famille ne comprendra pas, comme le jeu du rapport. Vous pouvez quand même commencer à l'entraîner, mais ne soyez pas trop insistant. Ce chiot est intelligent, et quand il sera prêt, il apprendra à vous rapporter le jouet au lieu de s'enfuir avec.

D'autres personnes et chiens peuvent être d'excellents assistants pour l'éducation du chiot – surtout les chiens adultes. Les choses sont beaucoup plus faciles à comprendre pour le chiot quand un chien adulte les fait d'abord.

Assurez-vous que la laisse est bien adaptée. Votre Corgi ne sera probablement pas capable de la casser (à moins qu'il ne s'agisse d'une vieille laisse effilochée), mais ils peuvent être incroyablement rapides quand il s'agit de se libérer des colliers et des laisses pour s'enfuir. Vous pouvez en parler avec le vétérinaire pour vous assurer que le collier bien ajusté qui ne le serre pas trop votre Corgi.

Activités adaptées à la race

Maintenir votre Corgi actif est relativement facile, mais les deux types ont tendance à mieux s'adapter aux activités qui correspondent davantage à leurs préférences respectives. En gardant à l'esprit que chaque Corgi est différent, les conseils suivants peuvent vous aider à déterminer quels types d'activités votre Corgi est susceptible d'apprécier au cours du premier mois. Ainsi, vous pourrez planifier et obtenir l'équipement approprié pour commencer l'entraînement.

N'oubliez pas que cela n'est pas vrai pour tous – il y a des Pembrokes qui préfèrent rester à la maison et des Cardigans qui ne veulent rien d'autre que de sortir faire des activités. En fin de compte, vous devez adapter les activités aux intérêts et aux capacités de votre Corgi. Pendant le premier mois, vous pouvez aider à façonner cette personnalité, mais vous travaillerez avec les fondations qui sont déjà en place.

Pembroke

Les Pembrokes aiment avoir un objectif, même quand ils sont jeunes. Vous pouvez commencer à les entraîner à participer à des épreuves de performance, même pendant le premier mois. N'oubliez pas qu'ils sont encore des chiots, donc vous ne devriez pas placer vos attentes trop haut – il s'agit de s'amuser et de fatiguer votre chiot. Le Corgi Pembroke est incroyablement agile, et vous pouvez commencer à avoir une bonne idée de ce qu'il peut faire pendant ce premier mois de vie avec vous.

Cela sert également à vous donner une idée de l'attention que vous devrez porter à votre chien au cours des mois et des années à venir. Une fois que vous aurez une idée de la hauteur à laquelle il peut sauter et d'autres prouesses surprenantes, vous commencerez à regarder

Crédit photo :
Jessi Hall

votre maison sous un jour entièrement nouveau. C'est une bonne chose car vous devrez probablement commencer à faire des ajustements pour empêcher le chien en pleine croissance d'accéder à des endroits où il ne devrait pas aller.

Les Pembrokes sont également d'excellents chiens de thérapie. Bien qu'un chiot ne soit pas encore capable de faire grand-chose, vous pouvez commencer à l'emmener dans des lieux de socialisation où il sera également utile. Assurez-vous de ne pas surmener votre Corgi, car trop d'attention et de stimulation peuvent être accablantes.

Cardigan

Les Cardigans ont tendance à être plus contents à la maison. Se concentrer sur l'éducation et les activités ludiques qui vous aident à créer des liens peut être tout ce dont votre Corgi Cardigan a besoin. Cache-cache est un jeu fantastique auquel vous pouvez jouer avec votre chiot, soit dans la maison, soit dans le jardin. Être avec vous et obtenir votre attention rend probablement votre Cardigan plus heureux que de sortir et de rencontrer de nouvelles personnes.

Le jeu du rapport peut également être une activité gratifiante pour les Cardigans, car ils obtiennent toute votre attention et ont la possibilité de vous rendre heureux.

CHAPITRE 8

L'apprentissage de la propreté

C'est sans doute l'une des leçons les plus fastidieuses et pénibles que vous devrez enseigner à votre chiot, mais l'apprentissage de la propreté reste néanmoins l'une des plus importantes qu'il apprendra. Avec un Corgi, vous avez au moins la certitude que cette tâche devrait être relativement facile, car votre chien est certainement assez intelligent pour comprendre rapidement.

Pour commencer, vous devez mettre en place deux règles :

1. Le chiot ne doit pas se déplacer librement lorsque personne n'est présent pour le surveiller. Votre Corgi ne voudra pas rester dans une cage souillée, donc le risque d'accident est très faible lorsque votre chiot est dans sa cage ou dans un petit enclos une fois que l'apprentissage de la propreté commence.

2. Votre chiot doit avoir un accès constant et facile à l'endroit où vous prévoyez de faire l'apprentissage. Sinon, vous devez être prêt à faire de fréquentes sorties pendant que votre chiot apprend.

*Crédit photo :
Michele Eathorne*

Une fois que vous comprenez ces règles et que vous êtes prêt à les faire respecter, vous avez quelques décisions à prendre.

Comprendre votre chien

Les Corgis sont incroyablement in-dépendants, ce qui signifie que vous de-vez comprendre votre chiot pour bien l'éduquer. Ce n'est pas parce qu'un Cor-gi ne fait pas ses besoins dehors qu'il ne comprend pas – cela signifie probable-ment qu'il a trouvé une alternative plus pratique. Si vous n'êtes pas cohérent et ferme, l'apprentissage de la propreté peut être incroyablement frustrant.

Crédit photo :
Jennifer Durward

Si votre Corgi aime la liberté, une chatière pour chien est probablement votre meilleure option. Si votre Corgi préfère sortir avec vous, l'apprentissage en extérieur avec la laisse est sans doute la meilleure approche. Si vous décidez de faire l'apprentis-sage à l'intérieur avec des tapis éducateurs, sachez que vous devrez être prêt à passer rapidement à l'apprentissage en extérieur. Vous ne voulez pas que votre chien pense qu'il a le choix de faire ses besoins à l'intérieur plutôt que de sortir. Essayer de corriger ce malentendu sera un casse-tête permanent.

Une autre caractéristique intéressante des Corgis est qu'ils aiment que leur espace soit propre. Ainsi, une fois qu'ils commencent à com-prendre l'apprentissage de la propreté, ils vous feront savoir quand ils ont besoin de sortir. Votre travail consiste à apprendre les signes pour que votre Corgi puisse sortir à temps. Cela peut entrer en conflit avec le programme que vous avez choisi, mais ce n'est pas grave car ce pro-gramme est destiné à aider le Corgi à comprendre où il est censé faire ses besoins. Une fois qu'il est évident que le Corgi comprend le « où », il peut commencer à vous faire savoir le « quand ».

À l'intérieur ou à l'extérieur

Bien que vous souhaitiez que votre Corgi fasse ses besoins à l'exté-rieur le plus rapidement possible, il peut être nécessaire de commen-cer par un apprentissage à l'intérieur (par exemple, si votre chiot arrive chez vous en hiver et qu'il fait trop froid pour sortir fréquemment). Si vous commencez à l'intérieur, vous devez vous assurer que le chiot apprend rapidement que le seul endroit acceptable est l'espace que vous désignez.

Si vous commencez par un apprentissage en extérieur, soyez prêt à sortir votre chiot très souvent, même la nuit pendant ce qui serait normalement des heures de sommeil. Ce sera chronophage, mais heureusement, cette période sera courte car votre Corgi apprendra assez vite. Si vous avez choisi un endroit précis où vous voulez que votre Corgi fasse ses besoins, il sera facile de lui enseigner dès le début. Ainsi, vous n'aurez pas à passer beaucoup de temps à nettoyer votre jardin chaque semaine (du moins pas des déjections de votre Corgi). Si vous souhaitez procéder ainsi, vous devez vous assurer de l'enseigner dès le début, sinon votre Corgi ne vous écoutera probablement pas lorsque vous essaierez de réduire l'espace dont il dispose pour faire ses besoins.

L'utilisation d'une laisse peut vous aider à garder votre chiot concentré, et facilite également la démonstration de l'endroit où il doit aller.

Établir qui est le chef – Gentil mais ferme

Crédit photo : Tammie Songer

Vous devez veiller à être ferme et cohérent lors de l'apprentissage de la propreté. Il y aura des moments où vous aurez envie de dire « C'est suffisant », mais vous ne pouvez pas. Une fois que vous le faites, votre Corgi appliquera cette logique à chaque fois.

Vous devez faire comprendre à votre Corgi que c'est vous qui établissez les règles. Cela signifie que vous devez les faire respecter en tout temps.

C'est là que les pauses régulières pour les besoins sont nécessaires. Lorsque votre chiot peut anticiper la pause, il lui sera plus facile de suivre vos règles.

Renforcement positif – Une question de respect

Vous voulez que votre chiot Corgi apprenne à vous respecter. Une fois que votre chiot comprend que vous êtes le chef et respecte vos règles, le renforcement positif sera la meilleure récompense que votre Corgi puisse demander, même meilleure que les friandises (du moins la plupart du temps).

Votre Corgi voudra faire les choses comme il l'entend. Si votre chiot n'apprend pas à vous respecter, il aura très peu de raisons de vous prendre au sérieux lorsque vous essaierez de l'éduquer.

Une relation positive établira la confiance et le respect nécessaires pour préparer votre Corgi à l'apprentissage de la propreté et au-delà. Votre Corgi veut simplement avoir des limites claires quant à savoir qui dirige la meute. En sachant cela, la chose importante suivante est de savoir où il se situe dans la hiérarchie de la meute, ce qui inclut les autres membres de la famille et les animaux domestiques. Une fois que vous êtes établi comme l'alpha, votre Corgi suivra vos règles.

Cela facilite l'éducation de votre chiot par vous-même et les autres membres de la famille, car il apprendra à vous écouter, vous et les autres.

Il est déconseillé de punir un Corgi pour ses accidents. Il est peu probable que votre Corgi fasse le lien entre l'accident et la punition, donc la leçon que vous essayez d'enseigner ne sera pas ce que votre chiot retiendra de l'expérience.

Les Corgis aiment faire plaisir – ils veulent profiter du temps passé avec vous. Le renforcement positif sous forme d'attention est facilement l'un des meilleurs facteurs de motivation pendant l'apprentissage de la propreté.

Programme régulier, chatière pour chien ou journal

La dernière question à vous poser est de savoir comment vous prévoyez d'éduquer votre chiot Corgi. Une grande partie de la réponse dépendra du fait que vous commencerez l'apprentissage à l'intérieur ou si vous choisirez de le faire uniquement en extérieur.

Les Corgis ont tendance à faire leurs besoins après quelques événements spécifiques :

- Après le réveil (le matin ou après une sieste)

- Après être resté dans une cage pendant quelques heures
- Lorsqu'ils sont en laisse

Faites attention aux moments où votre Corgi est plus susceptible d'avoir besoin de faire ses besoins. Cela peut vous aider à lui apprendre rapidement à utiliser l'extérieur.

Les chiots ont des vessies plus petites et moins de contrôle sur celles-ci. Si vous devez commencer l'apprentissage à l'intérieur, assurez-vous d'amener votre chiot à l'espace désigné aussi rapidement que possible après les événements susceptibles de déclencher une pause pour les besoins. Vous devrez faire la transition le plus rapidement possible.

Vous pouvez également apprendre à votre chiot à faire ses besoins lorsque vous êtes en promenade. Cela peut même se faire dans le jardin avec un apprentissage en laisse.

Tout dépend de vous – Les Corgis aiment la propreté

Les Corgis sont une race propre et ils n'aiment pas que leur foyer soit souillé. Votre travail consiste à enseigner au Corgi que tout l'intérieur est sa maison, et que le seul endroit acceptable pour faire ses besoins est l'extérieur. Si votre Corgi ne comprend pas cela, dans la grande majorité des cas, c'est l'éducateur qui est en faute, pas le Corgi. C'est le signe que l'éducateur n'a pas été assez cohérent, ferme ou positif dans son approche d'apprentissage. Les Corgis sont têtus, mais ils comprennent quand cette obstination n'a pas sa place dans la maison. S'ils se sentent à l'aise d'être têtus concernant l'utilisation des toilettes à l'intérieur, alors vous devez examiner où vous avez commis une erreur dans l'éducation. Vous devrez ensuite corriger le problème pour vous assurer que votre Corgi apprenne enfin que seul l'extérieur est un endroit acceptable pour faire ses besoins.

CHAPITRE 9

Socialisation et Expérience

Les chiens de travail intelligents ont besoin d'être socialisés dès leur plus jeune âge car beaucoup d'entre eux ont tendance à être territoriaux, et cela inclut les Corgis. Votre Corgi peut être très amusant quand il s'agit de jouer, mais s'il n'est pas correctement socialisé, il peut soit devenir une petite terreur, soit être potentiellement terrorisé par les choses les plus anodines.

Vous devez prévoir de socialiser votre Corgi dès le jour où votre chiot arrive à la maison. Sans socialisation, aucun entraînement ne pourra aider votre Corgi à interagir avec d'autres animaux et humains. Il est également important de rester ferme même lorsque vous socialisez votre Corgi, car les règles s'appliquent toujours.

Crédit photo :
MaryAnn Carney

Avantages de la Socialisation

Pour les Corgis, la socialisation est très importante. Ils peuvent être des chiens fantastiques, mais ils ont besoin d'un peu d'orientation quand il s'agit de traiter avec d'autres créatures (même les humains). Ils peuvent également devenir très craintifs s'ils sont laissés seuls à la maison la plupart du temps. Sortir et faire des activités les aide à comprendre que le monde est un endroit sûr, afin qu'ils n'aient pas besoin d'être anxieux.

Sensibilité du Corgi

Les Corgis peuvent entendre des choses que la plupart des autres animaux ne peuvent pas percevoir. Cela peut les rendre sujets à l'anxiété lorsqu'ils ne comprennent pas la source d'un son. Pour le bien-être de votre chiot, vous devriez le familiariser avec de nombreux sons pour l'aider à identifier ce qui crée les différents bruits qu'il entend lorsqu'il est à l'intérieur.

C'est également très amusant d'observer les Corgis interagir avec d'autres chiens. Lorsqu'ils sont correctement socialisés, ils peuvent être la vedette de n'importe quel parc canin ou rassemblement, car ils montreront le même amour et la même attention à tout le monde.

Problèmes Résultant d'un Manque de Socialisation

L'un des principaux problèmes potentiels avec les Corgis est qu'ils ont une ouïe extraordinaire. Certains Corgis apprendront à être terrifiés par le moindre petit bruit qu'ils entendent parce qu'ils n'ont pas été exposés à suffisamment de diversité pour savoir qu'il en est autrement. En sortant souvent et en lui apprenant à interagir avec le monde, vous montrez à votre Corgi que le monde est un endroit amusant, et non un lieu à craindre. Bien que cela ne réduise pas forcément les aboiements, cela aidera certainement à soulager une partie du stress et de l'anxiété lorsque les bruits qu'il entend lui sont familiers.

Un Corgi anxieux peut être soit très craintif, soit très agressif, deux comportements qui ne sont pas sains. Il peut également être plus enclin à pincer ou à mordre.

Vos Défis avec un Chien Agressif et Protecteur

Il est facile de penser qu'un Corgi ne peut pas faire beaucoup de mal en raison de sa taille, mais ce n'est pas vrai, surtout avec les enfants. Si un Corgi n'est pas socialisé, cela pourrait le rendre beaucoup plus agressif, ce qui pourrait créer une relation très malsaine entre votre chien et le reste du monde. Vous ne voulez pas devoir garder votre chien enfermé à cause d'un comportement agressif à l'extérieur de la maison.

Les Corgis veulent vous protéger, ce qui peut être bien si vous êtes à la maison et que quelqu'un tente d'y pénétrer. Cependant, lorsque vous êtes hors de la maison ou que vous recevez des invités, ce genre de comportement est totalement inacceptable. Tracer la ligne entre les deux est beaucoup plus difficile si vous ne socialisez pas votre Corgi. Votre compagnon canin devrait pouvoir profiter de la compagnie des autres au lieu d'être enfermé par crainte qu'il ne morde ou n'attaque les visiteurs.

Pourquoi la Génétique Est Importante

La génétique est significative car certains Corgis sont plus enclins à un comportement agressif ou craintif. Connaître le tempérament des parents vous aidera à déterminer si un chiot est susceptible d'avoir la personnalité adaptée à votre foyer. Si les parents sont craintifs ou distants, votre chiot sera beaucoup plus enclin à afficher les mêmes traits de personnalité.

Crédit photo :
Dawn Blanchard

Un Chien à Fort Caractère, Mais Loyal

Les Corgis sont sans aucun doute des chiens à fort caractère, mais ils sont aussi extrêmement loyaux. Ils détestent être laissés seuls sans vous pendant de longues périodes et veulent s'assurer que vous êtes en sécurité.

Les Corgis ne sont pas connus pour être particulièrement agressifs, mais certains peuvent l'être. Et la plupart des Corgis ont tendance à pincer, un comportement dont vous devrez déshabituer votre chien le plus tôt possible. Tout cela nécessite un temps adéquat passé avec d'autres chiens et personnes.

La meilleure façon d'utiliser l'amour, l'affection et la protection de votre chien est de vous assurer qu'il sait quand un comportement agressif ou obstiné est acceptable. En établissant une distinction claire, vous pouvez aider votre Corgi à profiter du monde sans être constamment méfiant de tout.

Une grande partie de ce travail consiste à vous assurer que votre Corgi sait que vous êtes le leader dans la maison. Une approche ferme et cohérente de l'éducation canine sera très utile, tout comme une socialisation fréquente.

Problèmes Courants

Les aboiements constituent facilement l'un des problèmes les plus courants signalés à propos des Corgis. Il semble qu'ils vous informent constamment qu'il y a eu un son que vous avez manqué, ce qui peut être particulièrement difficile lorsque vous avez des invités ou lorsque vous êtes simplement en promenade. La socialisation peut aider à réduire la quantité d'aboiements que vous subissez en rendant votre Corgi plus conscient des sources des sons.

Le pincement est également un problème fréquemment signalé, car c'est ce qu'ils faisaient pendant des siècles pour amener le bétail là où il devait être.

Leurs tendances destructrices peuvent rapidement devenir lassantes lorsque vous constatez que vous ne pouvez pas laisser votre Corgi seul à la maison sans perdre quelque chose. Les Corgis détestent être seuls, il se pourrait donc qu'ils aient besoin d'un compagnon, auquel cas la socialisation est essentielle pour s'assurer que vos animaux ne se battent pas chez vous. Avoir un autre animal peut aider à atténuer l'ennui et l'agitation.

Enfin, les Corgis ont été qualifiés de dominateurs. Cela ne signifie pas qu'ils essaient de dominer ou d'être le leader, cela signifie simplement qu'ils sont habitués à forcer des animaux têtus à faire ce qui est requis. Le bétail peut être incroyablement difficile, alors les Corgis ont appris il y a des siècles que d'être autoritaires fonctionnait pour amener le bétail là où il devait aller. C'est pourquoi vous avez besoin d'une approche ferme et cohérente pour éduquer votre Corgi – le Corgi doit savoir que c'est vous qui êtes en charge. Votre chien doit également sentir que vous êtes capable d'être aux commandes, ce qui signifie toujours agir comme le leader.

Accueillir Correctement de Nouvelles Personnes

Les Corgis ont une ouïe sensible, mais cela ne tend pas à les rendre particulièrement méfiants (juste prudents). Pour vous assurer que votre Corgi comprend comment interagir avec les autres, vous devez socialiser le chiot. Cela peut être très amusant, donc ce n'est pas quelque chose que la plupart des gens évitent. (Qui n'aime pas rencontrer et jouer avec un adorable petit chien ?) La partie difficile est de trouver le temps de le faire assez souvent pour renforcer les comportements positifs et apprendre au chiot que le monde est un endroit amusant.

Crédit photo :
Tammie Songer

Accueillir de nouvelles personnes est généralement une tâche assez facile à l'extérieur de la maison, mais peut être un peu délicat lorsque vous êtes chez vous. Les aboiements constants peuvent effrayer certains visiteurs, et votre Corgi le sentira. Penser qu'il a le dessus peut finir par faire croire incorrectement au Corgi que le visiteur est inférieur dans la meute. Apprendre à votre Corgi comment traiter les visiteurs peut prendre du temps, mais au final, cela en vaut la peine car votre Corgi devient un compagnon agréable pour vous et pour quiconque vous rend visite.

Comportement avec d'Autres Chiens

Les Corgis sont des chiens incroyablement sociables. Ils n'ont pas besoin d'être le leader, mais ils peuvent croire qu'ils savent ce qui est le mieux pour tout le monde. Si vous avez un chien plus âgé, la plupart des Corgis seront capables de déterminer pacifiquement qui est le leader et qui ne l'est pas sans trop de problèmes. Comme les Corgis détestent être seuls, il est probablement préférable d'avoir un autre chien si vous êtes absent de la maison pendant des heures chaque jour.

Être parent d'un chiot

Les chiots sont très amusants. Ils apportent une toute nouvelle perspective sur le monde que les gens ne voient simplement pas sans l'orientation d'un chiot. En même temps, ils peuvent être difficiles et destructeurs d'une manière à la fois mignonne et frustrante.

En ce qui concerne les Corgis, cette relation est amplifiée par le fait qu'ils sont volontaires, intelligents et indépendants, tout en étant incroyablement affectueux et sociables. S'ils sentent la moindre hésitation, ils sont assez intelligents pour savoir comment l'exploiter. Comme tous les autres chiens de travail intelligents, ils apprendront qu'ils peuvent vous manipuler et découvriront les meilleures façons de le faire.

Lorsqu'ils sont correctement éduqués, les Corgis sont des compagnons extraordinaires. Cela demande simplement beaucoup de travail durant les premiers jours pour s'assurer qu'ils acquièrent les bonnes habitudes.

Crédit photo :
Gayla Miller

Rester constamment ferme

Quand il s'agit d'éduquer un Corgi, vous devez être ferme et cohérent. Tout au long de sa vie, votre Corgi va essayer de s'en tirer avec des comportements inappropriés, non par rébellion, mais simplement pour voir s'il le peut. C'est l'une des principales raisons pour lesquelles vous ne pouvez vraiment pas faire d'exceptions aux règles, même lorsqu'il est encore chiot.

Si vous prenez l'habitude de faire des exceptions parce que le chiot est adorable, vous ne réussirez pas à éduquer votre Corgi. Ces petites frimousses de renard cachent un esprit incroyablement vif qui remarquera et se souviendra d'une action qui leur a permis d'obtenir ce qu'ils voulaient. N'oubliez pas qu'ils sont intelligents et têtus. Vous devez être inflexible avec votre chiot si vous voulez un chien bien éduqué.

Votre chien ne veut pas faire de mal et n'essaie certainement pas d'être rebelle. Les Corgis aiment simplement faire les choses à leur façon, et ils sont généralement assez rusés pour y parvenir. Cependant, cela pourrait signifier que votre chien ne vous respecte pas. C'est pourquoi il est si important d'être cohérent et ferme. Votre chien doit savoir que vous êtes le leader de la meute en tout temps.

Le mordillement du chiot et ce qu'il faut surveiller

Crédit photo : Tammie Songer

Les chiots mordillent. Au début, ils font leurs dents et cela leur fait du bien de planter leurs crocs dans quelque chose. Plus tard, ils le font dans le cadre de leur apprentissage et de leur socialisation. Les Corgis font partie des races avec lesquelles vous devez être particulièrement vigilant car ils ont tendance à être destructeurs quand ils s'ennuient. Mordiller des objets fait partie de cette habitude.

Pendant les premiers mois après l'arrivée de votre chiot à la maison, vous devriez le garder dans un espace où il n'y a que peu de choses à mâchouiller. Vous devez également vous assurer qu'il n'y a pas de moyen pour votre chiot de s'échapper. Cela signifie qu'il ne doit pas y avoir de meubles ou d'objets mobiles qui peuvent être déplacés ou renversés et sur lesquels il pourrait grimper. Ils commencent à résoudre des problèmes remarquablement tôt, et bien qu'ils ne soient pas enclins à renverser les barrières et les obstacles, ils ne sont pas opposés à trouver des moyens de les contourner.

Lorsque votre chiot n'est pas dans son espace clos, vous devez le surveiller en permanence. Tout comme lorsque vous vous occupez d'un bébé ou d'un tout-petit, dès que vous détournez le regard, ce chiot va se mettre à explorer des choses qu'il ne devrait pas. Si vous n'avez pas le temps de garder un œil sur votre Corgi, gardez-le dans un endroit où il n'y a pas grand-chose à mâchouiller (à part les objets que vous acceptez qu'il mordille).

Vous pouvez laisser des jouets et des objets à mâcher à la disposition de votre chiot en permanence, particulièrement dans l'espace désigné du Corgi. Cela aide le chiot à apprendre ce qu'il est approprié de mâchouiller. Une fois qu'il est temps de sortir et de jouer, votre Corgi apprendra ce qu'il ne faut pas mâcher, c'est pourquoi vous devez rester concentré sur le chiot. Avec le temps, votre chien apprendra ce qu'il est acceptable d'utiliser comme jouet à mâcher.

Le mordillement du chiot et ce qu'il faut enseigner

En plus de mâchouiller, les Corgis ont tendance à mordiller, particulièrement autour des jeunes enfants. Leur apprendre à ne pas le faire va à l'encontre des instincts qui ont été développés en eux au cours des siècles, mais ce n'est pas impossible. Il est essentiel que vous gardiez un œil sur votre chiot. Au premier signe que le chien mordille, vous devez intervenir et faire comprendre au Corgi que ce n'est pas acceptable.

Crédit photo :
Susan Dale

Généralement, il y aura des aboiements avant que le mordillement ne commence. Si vous remarquez que votre chiot s'excite, essayez de le calmer avant que le mordillement ne commence.

Le chiot doit apprendre que jouer est acceptable, alors ne découragez pas le jeu, seulement le mordillement. Tant que le chiot est paisible pendant le jeu, vous pouvez profiter de ce moment ludique.

Vous devrez également exposer votre chiot à d'autres personnes pour vous assurer que le Corgi comprend que l'interaction doit être cohérente, peu importe qui est présent. Si vous avez des enfants, vous devrez vous assurer qu'ils comprennent qu'ils ne peuvent jouer avec le chiot que lorsqu'un adulte est présent. Les enfants plus âgés devraient comprendre comment gérer le mordillement.

Aboiements, aboiements et encore des aboiements

Il est presque certain que votre Corgi va aboyer. Bien qu'il soit possible de les éduquer à être plus silencieux, les taux de réussite varient.

Si votre chiot aboie après vous lorsque vous faites quelque chose, ignorez-le simplement. L'aboiement est une façon de vous forcer à prêter attention et à inclure le chiot dans vos activités. Si vous ne faites pas quelque chose qui peut inclure le chiot, il doit apprendre que l'aboiement ne sera pas efficace. Si votre Corgi arrête d'aboyer, donnez-lui quelques instants pour vous assurer que l'aboiement ne recommence pas, puis vous pouvez l'inclure si possible. Votre Corgi est intelligent et comprendra rapidement qu'être inclus signifie être présent, et non aboyer.

Il existe quelques autres astuces, mais c'est l'un des conseils d'éducation les plus fondamentaux que vous pouvez commencer à appliquer dès que vous rentrez à la maison avec votre chiot. C'est la meilleure façon de commencer à éduquer votre chien à ne pas aboyer tout le temps.

Comportement destructeur

Le comportement destructeur est une préoccupation pour tous les parents de chiots, mais c'est particulièrement vrai pour ceux qui ont des chiens de travail intelligents, car ces chiens ont beaucoup d'énergie et s'ennuient très facilement. Être destructeur est leur façon de vous faire savoir qu'ils ont besoin d'être divertis ou employés à une tâche.

À l'intérieur

Les Corgis peuvent en réalité détruire des choses auxquelles vous ne vous attendriez jamais car ils sont d'excellents solutionneurs de problèmes. Si vous pensez que les jouets et les stylos sur la table basse sont en sécurité simplement parce qu'ils sont au-dessus de la tête du chiot, vous découvrirez que le chiot peut trouver un moyen d'y accéder malgré tout.

En ce qui concerne les Corgis, vous devez faire deux choses :

- Les éduquer à ne pas être destructeurs.

- Vous devez vous assurer qu'ils ne peuvent pas atteindre ce que vous ne voulez pas qu'ils détruisent/mangent.

Les jouets peuvent aider, mais généralement pas longtemps car votre chiot se lassera d'un nouveau cadeau aussi vite qu'un tout-petit. Aucun jouet ne va occuper l'attention d'un Corgi pendant plus de quelques minutes, et ensuite le chiot va partir à la recherche de quelque chose de plus intéressant à faire.

Pour garder votre chiot et vos biens en sécurité, vous devez garder le Corgi enfermé lorsque vous ne pouvez pas vous concentrer sur ses activités.

À l'extérieur

Passer à l'extérieur n'est pas moins susceptible de freiner les tendances destructrices de votre chiot, cela prendra juste un peu plus de temps avant qu'il ne s'ennuie puisqu'il y a tant d'odeurs. Dès que votre chiot se sentira à l'aise et s'ennuiera, le mâchonnement et la destruction commenceront.

Tout comme les précautions que vous devez prendre à l'intérieur, vous devez vous assurer qu'il n'y a aucun moyen pour le chiot de trouver

Crédit photo :
Liza Gagne

un moyen de grimper par-dessus votre clôture. En raison de leur petite taille, vous devez également vous assurer que la clôture atteint le sol et qu'il n'y a pas d'espaces où un Corgi pourrait se glisser vers l'extérieur. Vous ne pourrez pas laisser votre chiot seul dehors, et vous ne pourrez être que marginalement distrait pendant que le chiot explore. Comme un Corgi a une si petite stature, une fois que votre chiot se sera faufilé quelque part, il sera très difficile pour vous de le retrouver.

Prévoyez d'interagir avec votre Corgi pendant les premiers mois à l'extérieur. Cela facilitera la protection du chiot et empêchera vos affaires (y compris les plantes) d'être démolies.

Gérer le comportement

Compte tenu de leur intelligence et de leur énergie élevées, la meilleure prévention contre le comportement destructeur est d'être toujours attentif au chiot et de s'assurer qu'il fait suffisamment d'exercice pour minimiser ces tendances. Les Corgis sont très amusants à côtoyer, ce n'est donc pas vraiment une corvée de jouer avec votre Corgi et de le promener suffisamment pour le fatiguer.

Si vous êtes un compagnon constant et un leader cohérent, cela garantit que votre chiot apprend à vous écouter et à vous respecter.

Pendant les premiers stades de la vie du chiot, vous devez passer beaucoup de temps à le garder actif pour qu'il soit trop fatigué pour mal se comporter. Vous devez également commencer l'éducation le plus tôt

Crédit photo :
Caitlin Cassity

possible afin qu'au moment où l'endurance du Corgi s'améliore, l'éducation soit suffisante pour le maintenir sous contrôle.

L'heure du jeu !

Le temps de jeu est formidable pour vous et pour votre chiot. Les Corgis veulent simplement être avec leur meute et passer un bon moment, et vous leur donnez tout ce dont ils ont besoin pour rester hors des ennuis. (Sans compter qu'ils sont si incroyablement mignons en tant que chiots que ce n'est guère une corvée de jouer avec eux jusqu'à ce qu'ils soient trop fatigués pour faire grand-chose.)

Prévoyez dans votre emploi du temps des moments de jeu réguliers. Peu importe à quel point vous êtes occupé, c'est quelque chose que vous devez faire plusieurs fois par jour pour bien éduquer votre Corgi. Ils n'aiment pas être seuls, et c'est la période où ils commencent vraiment à comprendre les règles et les limites. Vous pouvez éduquer votre chien tout au long de sa vie, mais ce que vous lui enseignez maintenant aura un effet énorme sur la façon dont vous pourrez l'éduquer à mesure qu'il mûrit et par la suite. N'oubliez pas que c'est la base de toute éducation ultérieure.

Commencez à enseigner des tours au chiot le plus tôt possible également. Cela permet non seulement de faire travailler l'esprit de votre Corgi, mais cela peut aussi vous aider à créer des liens. C'est une façon remarquablement agréable d'engager le Corgi dans une stimulation physique et mentale qui réduira sa tendance à mâcher et à détruire tout ce qui se trouve à proximité.

Les Corgis adorent être avec vous, et ils veulent vous impressionner avec ce qu'ils peuvent faire. Être emmené pour explorer et être actif est le summum de la meilleure vie pour un Corgi. Jouer avec votre chiot offre un environnement sûr et amusant pour apprendre à bien se comporter. Votre dévouement maintenant se traduira par un compagnon adorable, aimant et loyal pour longtemps.

CHAPITRE 11

Vivre avec d'autres chiens

Les deux types de Welsh Corgis s'entendent généralement très bien avec vos autres chiens, surtout si vous commencez avec un chiot. En tant que chien qui déteste la solitude, votre Corgi sera beaucoup plus heureux d'avoir un autre chien à la maison pendant votre absence.

Il leur faudra peut-être quelques jours pour déterminer qui est le chef parmi les chiens, mais dans la plupart des cas, vous n'aurez pas à trop vous en inquiéter. Les Corgis sont suffisamment rusés pour arriver à leurs fins, même si l'autre chien ou les autres chiens pensent avoir le dessus.

Présenter votre nouveau chiot

Crédit photo : Janet Maddox

Les présentations doivent commencer dans un lieu neutre car votre chien pourrait se sentir territorial. Un terrain neutre permettra à votre chien de se sentir plus à l'aise avec le nouveau chiot puisque le nouveau Corgi n'envahit pas son espace. Peu importe la race du chiot, cette règle est toujours valable lorsque vous introduisez un nouveau chien dans votre foyer.

Lorsque votre chiot et votre chien (ou vos chiens) commencent à se sentir à l'aise l'un avec l'autre, vous pouvez commencer à rentrer chez vous. Quand ils entreront tous ensemble dans la maison, il y aura déjà une certaine familiarité entre votre chiot et le reste de votre meute.

Cette familiarité n'est pas un lien instantané. Vous devez garder le chiot et vos autres chiens séparés lorsque vous n'êtes pas présent. Le chiot doit avoir un espace personnel où lui seul peut se reposer. Cela faisait partie des préparatifs initiaux, donc au moment où votre chiot arrive à la maison, cet espace devrait déjà être établi.

Il ne devrait y avoir rien dans l'espace du chiot qui appartienne à vos autres chiens. Cela peut créer des tensions inutiles et des problèmes qui ne seront probablement pas résolus pacifiquement. Votre Corgi voudra tout mâchouiller, et le concept de propriété ne signifie pas encore grand-chose pour lui. Cependant, votre chien actuel le verra comme une remise en question de sa place et pourrait réagir en conséquence. Cela est également vrai lorsque votre chiot se trouve en dehors de son espace désigné. Vous devez vous assurer qu'il n'y a rien qui appartienne à votre autre chien à portée du chiot. Il vous suffit de ranger les jouets de l'autre chien lorsque c'est l'heure de jeu du chiot.

Le repas des différents animaux doit avoir lieu à différents endroits de votre maison. La nourriture est l'une des principales causes de jalousie, et vous ne voulez pas qu'il y ait ce genre de tension inutile entre votre chiot et vos animaux actuels. Il sera peut-être possible de rapprocher les gamelles plus tard pour rendre l'heure des repas plus pratique, mais au début, vous devriez les garder séparées.

Les chiens deviennent jaloux lorsqu'ils voient leurs maîtres accorder de l'attention à d'autres chiens, même aux chiots. Soyez prêt à cela lorsque vous ramenez le chiot à la maison. Vous devrez vous assurer que votre chien continue à passer du temps seul avec vous afin qu'il ne sente pas que le chiot le remplace. Assurez-vous d'avoir déjà établi des règles et des horaires pour pouvoir donner suffisamment d'attention à votre chien quotidiennement. Vous devrez être ferme et cohérent avec votre chiot et votre chien.

L'un des plus grands avantages d'avoir un chien est qu'il est très probable qu'il commence automatiquement à réprimander votre chiot. Votre chien ne ressentira pas le même élan d'adoration que vous en regardant le chiot, ce qui en fait un excellent mentor et professeur pour le chiot Corgi. Bien que vous ne puissiez pas compter sur le chien pour être le principal éducateur de votre Corgi, il aidera le chiot à comprendre où il se situe dans la meute et que certains comportements ne sont pas acceptables. Vous pouvez laisser votre chien faire quelques réprimandes, mais assurez-vous que le chiot n'est pas blessé. Considérer votre chien comme une sorte de baby-sitter peut vous aider à établir le bon équilibre dans la façon dont le chien et le chiot interagissent.

Si votre chien n'assume pas ce rôle, ce n'est pas grave non plus. Vous ne voulez pas essayer d'imposer un rôle à votre chien avec le nouveau chiot. Les canidés trouveront leur équilibre si vous leur donnez du temps et les surveillez jusqu'à ce que leur relation soit établie.

Mentalité de chien de travail

Il existe une mentalité distincte que tous les chiens de travail possèdent, même le charmant petit Corgi. Ils sont habitués à être celui qui commande lorsqu'ils sont en présence d'autres animaux, et cela peut affecter la façon dont ils perçoivent vos autres animaux de compagnie. Ce trait va se manifester chez votre chiot à un moment donné, et les mordillements et les aboiements seront perceptibles. Le chiot n'essaie pas de mal se comporter – son héritage génétique lui dit que c'est un comportement acceptable (et nécessaire).

Crédit photo :
Betsy Ellsworth

En tant qu'humain, votre rôle est de vous assurer que vous savez quel chien s'établit comme le canin dominant. Vous devez le savoir car vous devrez vous adresser aux membres de votre famille à fourrure selon l'ordre qu'ils établissent.

À mesure que votre chiot Corgi grandit et commence à défier votre chien, vous devez être conscient de la dynamique potentiellement changeante. Il est possible que votre plus jeune canidé finisse par être le chien dominant de la maison (c'est tout à fait probable si votre autre chien est un épagneul ou une autre race calme).

Une fois que vous savez qui est le leader, vous devrez saluer le leader en premier, le mettre en laisse en premier et le nourrir en premier. Cela peut aider à réduire les disputes et le sentiment que votre chien plus âgé est miné s'il est le chien dominant.

Vous pouvez également utiliser cette méthode pour apprendre à votre chiot Corgi que le chien plus âgé est le leader. En reconnaissant toujours le chien en premier, vous faites savoir au chiot que le chien plus âgé est plus haut dans la hiérarchie de la meute. À mesure que le chiot vieillit, cela peut changer, mais cela peut aussi s'imprimer dans l'esprit du chiot. Certains Corgis accepteront facilement cela, ce qui vous permettra d'éviter toute l'épreuve d'établir un chien leader.

Morsures, bagarres et gestion de la colère du chiot

Les chiots sont difficiles à gérer pour de nombreuses raisons, mais cela peut être l'un des problèmes les plus difficiles à traiter avec un jeune chien. Les Corgis sont connus pour avoir un tempérament assez équilibré, mais vous devez surveiller l'agressivité lorsque le chiot est jeune. Il y aura des moments où le chiot ne sera pas content, et le résultat pourrait être des mordillements et des attaques contre votre autre chien. Cela est extrêmement probable lorsque votre chiot Corgi atteint sa taille adulte.

Crédit photo :
Jessi Hall

Être ferme et cohérent est la seule façon de faire face à ce problème.

Un Corgi non éduqué peut en réalité devenir un chien assez monstrueux car on ne lui a pas appris qu'il ne peut pas forcer les autres à faire les choses d'une certaine manière.

Vous devez passer beaucoup de temps avec le chiot afin de comprendre quand il est joueur et quand il est contrarié. Lorsque vous repérez un comportement agressif (pas seulement du jeu), vous devez immédiatement intervenir et apprendre à votre Corgi que ce comportement est inacceptable.

Commencer l'éducation à un stade très précoce peut vous aider à voir quand votre chiot est joueur et quand le comportement va un peu plus loin que le jeu.

Élever plusieurs chiots à la fois

Élever un chiot est presque un travail à plein temps, mais certains se lancent dans l'élevage de deux chiots simultanément. Si vous voulez élever deux chiots Corgi en même temps, vous êtes certainement face à un défi. Ces chiens ne sont pas dupes, et lorsqu'ils unissent leurs forces, vous aurez du mal à les surpasser en intelligence. Vous allez vraiment devoir travailler pour qu'ils se comportent comme vous le souhaitez une fois qu'ils auront atteint leur maturité.

L'une des premières choses que vous remarquerez est que votre vie personnelle disparaît. Vous allez vous occuper de vos chiots pendant la majeure partie de votre journée. C'est absolument essentiel si vous ne voulez pas avoir deux fois plus de destruction dans votre maison.

Tout d'abord, vous devez passer du temps avec eux ensemble, et vous devrez également leur accorder du temps seul à chacun. Ce ne sont pas les mêmes chiens, vous ne pouvez donc pas les traiter de la même façon. Chaque chiot aura des forces et des faiblesses différentes. Passer du temps avec eux ensemble est facile, mais vous devez également prendre du temps avec eux individuellement. Ce sera un défi, surtout lorsque l'un gémit pendant que vous jouez avec l'autre. L'une des meilleures façons de gérer cela est de demander à quelqu'un d'autre de jouer avec l'autre chiot, puis d'échanger. Cela permet de garder les deux chiots occupés joyeusement afin qu'ils ne deviennent pas jaloux.

Tout comme votre chiot est susceptible de se battre avec un chien plus âgé, les chiots Corgi vont presque certainement commencer à se battre entre eux lorsqu'ils auront entre trois et six mois. Ils établissent qui est le chien dominant, et c'est normal. Vous devez simplement vous assurer qu'ils comprennent que vous êtes le leader de la meute afin qu'ils ne commencent pas à remettre en question votre autorité sur eux.

Tout comme vous devez minimiser les distractions des chiots (et ils seront leurs propres pires distractions), vous devez minimiser les vôtres. Si vous préparez leur nourriture, vous devez rester concentré sur cette tâche jusqu'à ce que les chiots mangent. Si vous vous préparez pour une promenade, dès que vous mettez les laisses, sortez par la porte. Les chiots observent et apprennent, alors montrez-leur comment rester concentrés et aller jusqu'au bout. Si vous ne le faites pas, vous n'aurez personne d'autre à blâmer que vous-même lorsqu'ils commenceront à devenir turbulents et ingérables. Après tout, vous les avez excités à l'idée de manger ou de se promener, pour ensuite les laisser attendre. Les chiens ne comprennent pas le concept de patience, mais avec toute cette excitation maintenant contenue et prête à exploser, c'est vous qui souffrirez de ne pas avoir mené l'activité à bien.

Souvenez-vous, leur mauvais comportement est vraiment le reflet de la façon dont vous les avez éduqués. Si vous leur demandez constamment de se concentrer pendant l'entraînement, mais que vous ne parvenez pas à vous concentrer sur les tâches avec eux, vos deux chiots le remarqueront. Soyez cohérent et concentré pour éviter de nombreux problèmes inutiles avec vos chiots.

Si vous n'arrivez pas à décider si vous voulez un Welsh Corgi Pembroke ou un Cardigan, vous pouvez en prendre un de chaque. Il est très probable que vous constatiez que les chiens finissent par être assez similaires, soulignant comment l'éducation, l'environnement et l'attention jouent un rôle important dans la façon dont le chiot grandit. Ou vous pourriez découvrir que vos deux chiens ont des personnalités très différentes et distinctes. C'est certainement une expérience intéressante qui peut vous donner matière à observer pendant des années. Et cela vous donnera une bien meilleure compréhension de la race.

CHAPITRE 12

Éduquer votre chiot Welsh Corgi

Les Corgis peuvent comprendre bien plus que le chien moyen, et ils cherchent constamment à utiliser cette intelligence à leur avantage. Leur énergie est impressionnante pour un chien aussi compact, sans être ingérable pour autant. Mais leur cerveau peut les mettre dans des situations délicates si vous ne leur donnez pas de quoi éviter l'ennui.

Crédit photo :
Cherie Doyle

Lorsque vous avez affaire à des chiots intelligents et énergiques, il y a des choses que vous devez absolument faire, et d'autres que vous devriez faire. Quoi qu'il en soit, l'éducation est un engagement à long terme avec un Corgi, car une fois les règles établies, il est pratiquement impossible d'en déroger. Toute exception à une règle risque d'être utilisée contre vous ultérieurement. Les Corgis ne sont pas rebelles, ils sont simplement d'une intelligence remarquable et n'apprécient pas qu'on leur dise non. Cependant, avec une éducation appropriée, ils respecteront votre « non » plutôt que de décevoir le leader.

Fermeté et cohérence

Si vous n'adoptez pas une approche ferme et cohérente avec votre Corgi, vous ne réussirez pas son éducation. Les exceptions et l'indulgence sont perçues comme un abandon de votre position ou indiquent qu'il y a une marge de manœuvre pour que le Corgi prenne ses propres décisions. Votre Corgi considérera cela comme un modèle pour obtenir ce qu'il veut à l'avenir.

Rester cohérent et ferme sera difficile. Vous serez fatigué ou aurez une journée difficile, mais vous devez persévérer, peu importe à quel point votre chiot est mignon ou combien vous avez envie de simplement vous asseoir et le câliner au lieu de faire le travail d'éducation habituel.

L'éducation est un moyen d'enseigner à votre chiot, et tous les chiens de travail exigent que vous restiez concentré, adoptiez une approche cohérente et demeuriez ferme lorsque vous appliquez l'apprentissage. La flexibilité viendra beaucoup plus tard, lorsque le chien comprendra toutes les règles.

Crédit photo :
Gayla Miller

En ce moment, vous apprenez à votre chiot sa place dans la meute. Il ne devrait y avoir aucun doute que vous êtes le leader de la meute. Bien que les Corgis n'aient pas besoin d'être le leader, ils aiment avoir leur mot à dire. S'il n'est pas clair que vous êtes un leader ferme, ils vont essayer de manipuler la situation d'une manière qui leur donnera plus d'influence sur la façon dont la maison est gérée.

Une chose à garder à l'esprit est que les chiens ne sont pas à l'aise si la hiérarchie de la meute n'est pas bien définie. Ils ont besoin de structure et d'une place où se sentir à l'aise. Si vous n'êtes pas cohérent et ferme, c'est un signal que la structure n'est pas définie. Votre Corgi voudra alors définir les positions. Les Corgis n'ont aucun problème à ne pas être le leader, mais ils ont besoin de savoir qui l'est. Ils doivent également connaître leur place pour éviter de devenir anxieux et stressés.

Gagnez leur respect dès le début

Les chiens fonctionnent sur la base du respect. Sans respect, ils ne vous écouteront pas.

Souvenez-vous que la peur et le respect ne sont pas la même chose. Vous voulez que votre chien vous aime, pas qu'il vous craigne.

Amener votre Corgi à vous respecter est en réalité relativement facile. Tant que vous êtes ferme et cohérent, votre Corgi se sentira à l'aise. Cela signifie également que vous devez rester concentré. Si vous essayez constamment de faire plusieurs choses à la fois et ne parvenez pas à terminer ce que vous faites, vous n'obtiendrez pas le respect de votre chien (bien sûr, cela concerne les tâches liées à votre Corgi – il ne saura pas si vous accomplissez des tâches non liées au chien).

L'une des meilleures façons d'obtenir le respect d'un Corgi est par l'interaction positive, en particulier le renforcement positif. En passant du temps avec votre chiot, vous construisez une relation saine et lui montrez où il se situe dans l'ordre de la meute. En fin de compte, les Corgis veulent simplement être avec vous et passer un bon moment. Tant que vous êtes ferme et cohérent, votre Corgi vous respectera.

Les bases du conditionnement opérant

Le conditionnement opérant est un terme plus scientifique pour désigner les actions et leurs conséquences. Ce que vous devez faire, c'est fournir à votre chiot Corgi les bonnes conséquences pour chaque comportement.

Avec un chien de travail, la meilleure façon d'utiliser le conditionnement opérant est par le renforcement positif. Ce type d'éducation est plus efficace avec les chiens de travail car ils veulent faire plaisir à leurs maîtres. Ils veulent travailler avec vous et accomplir leurs tâches. Savoir qu'ils font quelque chose de bien encourage davantage leur comportement que de savoir quand ils font quelque chose de mal. Avec tant d'énergie, ils seront capables de continuer à essayer jusqu'à ce qu'ils réussissent.

Il existe deux types de renforcements pour le conditionnement opérant :

- Les renforcements primaires
- Les renforcements secondaires

Vous utiliserez les deux pendant l'éducation de votre Corgi.

Renforcements primaires

Un renforcement primaire donne à votre chien quelque chose dont il a besoin pour survivre, comme de la nourriture ou une interaction sociale. Ces deux éléments sont des renforcements incroyablement efficaces pour les Corgis – ils adorent les friandises et passer du temps avec vous. C'est exactement ce qui rend ces récompenses si efficaces pendant l'éducation.

Au début, vous vous appuierez sur les renforcements primaires car vous n'avez pas à apprendre à votre Corgi à les apprécier. Cependant, vous devez maintenir un équilibre. L'heure des repas et le temps de jeu ne devraient jamais être refusés à votre Corgi, quelle que soit la qualité de ses performances. Ces éléments sont essentiels à la vie, et vous devrez les donner – ce n'est pas négociable. Ce sont des choses comme les friandises et le temps de jeu supplémentaire qui sont utilisées pour renforcer un bon comportement.

Préférez donner trop d'attention et d'affection plutôt que trop de friandises. Avec leur petite taille, les Corgis ont besoin de maintenir une

Crédit photo :
Jessi Hall

alimentation bien équilibrée pour être en bonne santé. Si vous vous fiez aux friandises plutôt qu'à l'attention, vous vous préparez, vous et votre chiot, à de graves problèmes plus tard.

Renforcements secondaires

Vous avez probablement utilisé la répétition pour devenir bon dans vos loisirs, sports et autres activités physiques – c'est le renforcement secondaire. Sans aucun doute, l'expérience de Pavlov avec les chiens est l'exemple le plus reconnaissable de renforcement secondaire. À l'aide d'une cloche, Pavlov a appris aux chiens que lorsque la cloche sonnait, cela signifiait qu'il était temps de manger. Les chiens testés ont commencé à associer le son de la cloche à l'heure du repas. Ils ont été conditionnés à associer quelque chose de sans rapport avec un renforcement primaire. Vous pouvez observer cela chez vous lorsque vous utilisez un ouvre-boîte. Si vous avez des chats ou des chiens, ils accourent probablement dès que l'ouvre-boîte commence à fonctionner.

Les renforcements secondaires fonctionnent parce que votre Corgi associera le déclencheur à quelque chose qui est nécessaire. Cela rend votre chiot plus susceptible de faire ce que vous lui dites de faire. Les

Crédit photo :
Jessica Burleski

chiens qui ont appris à s'asseoir uniquement avec une friandise réagiront automatiquement en s'asseyant lorsque vous aurez une friandise dans la main. Ils n'attendront même pas que vous leur disiez de s'asseoir. Ils savent que s'asseoir signifie plus de nourriture, alors ils le font automatiquement une fois que vous établissez cette association. Bien sûr, ce n'est pas la bonne méthode d'éducation car ils doivent apprendre à s'asseoir quand vous dites « assis », pas quand vous avez une friandise. C'est le véritable défi.

Heureusement, il est relativement facile d'éduquer un Corgi avec le bon déclencheur car ils sont incroyablement intelligents. Bien qu'ils adorent la nourriture, vous pouvez leur montrer que le déclencheur est le mot, pas la nourriture. Ils le comprendront beaucoup plus rapidement que la plupart des autres types de chiens.

Vous pouvez également utiliser des jouets et de l'attention comme moyen d'amener votre chiot Corgi à faire ce qu'il faut. Si vous avez un emploi du temps régulier et que vous êtes prêt à le modifier un peu pour donner à votre chiot un peu plus d'attention pour avoir bien fait quelque chose, cela sera tout aussi efficace qu'une friandise, car ils adorent l'attention. Vous pouvez emmener le chiot en promenade supplémentaire, passer un peu plus de temps à jouer avec un jouet préféré, ou prendre le temps de câliner le chiot.

Parfois, une punition est également nécessaire, mais vous devez être très prudent quant à la façon dont vous procédez. Essayer de punir un Corgi peut être délicat, mais lui refuser votre attention peut très bien fonctionner. Mettez simplement votre chiot dans un espace clôturé où le Corgi peut vous voir mais ne peut pas interagir avec vous. Le petit va gémir et pleurnicher pour vous faire savoir qu'il veut sortir. Ne cédez pas car c'est la punition. Ignorez simplement votre chiot pour qu'il apprenne à ne pas se comporter mal.

Les punitions doivent avoir lieu juste après le comportement indésirable. Si votre Corgi mâche quelque chose et que vous ne le découvrez que plusieurs heures plus tard, il est trop tard pour punir le chiot. Il en va de même pour les récompenses. Pour renforcer un comportement, la récompense ou la punition doit être presque immédiate. Lorsque vous félicitez ou punissez votre chiot, assurez-vous de maintenir le contact visuel. Vous pouvez également prendre le chiot par la peau du cou pour vous assurer de maintenir ce contact visuel. Vous n'aurez pas besoin de le faire lorsque vous félicitez votre compagnon car il maintiendra automatiquement le contact visuel. Les Corgis adorent entendre parler de ce qu'ils ont bien fait et adorent entendre vos éloges.

Pourquoi la nourriture est un mauvais outil de renforcement

Avec la petite taille d'un Corgi, la nourriture n'est pas quelque chose que vous devriez utiliser souvent. Il ne faut pas grand-chose pour qu'un Corgi prenne trop de poids. L'affection et l'attention étant des motivateurs si efficaces, il est préférable de les utiliser autant que possible au lieu d'habituer votre Corgi à recevoir des friandises comme récompenses. Utilisez-les avec parcimonie.

Une autre raison d'utiliser les friandises avec parcimonie est que vous ne voulez pas que votre chiot vous réponde principalement lorsque vous avez de la nourriture. Si votre Corgi associe l'éducation aux friandises, vous pourriez avoir du mal à lui apprendre à vous écouter sans elles.

Les friandises peuvent être utilisées dans les premiers stades, lorsque le métabolisme de votre chiot est élevé et qu'il n'a pas été conditionné à répondre au renforcement secondaire. Cela vous donnera quelque chose pour aider votre chiot à apprendre à se concentrer pendant que vous l'entraînez à comprendre d'autres incitations. Il ne devrait pas falloir trop de temps avant que vous puissiez commencer la transition. Les friandises sont également le meilleur moyen d'enseigner certains types de comportement, comme se rouler sur le dos. Votre chiot suivra automatiquement la friandise, ce qui lui facilitera la compréhension de ce que vous voulez dire.

Les friandises sont également préférables pour les premières commandes (assis, reste, et laisse). Votre chien ne comprend pas encore les mots et fera rapidement le lien entre ce que vous dites et pourquoi la friandise est offerte. « Laisse » est très difficile à enseigner sans friandises car il n'y a aucune incitation à lâcher quelque chose si votre chiot veut vraiment l'objet qu'il a déjà dans la gueule. Les friandises sont quelque chose qui fera lâcher au chiot ce qu'il a, car son attention et son désir se concentreront sur la nourriture.

Des petits pas vers le succès

Pendant les premières semaines et les premiers mois, votre chiot ne comprendra pas ce que vous faites lorsque vous essayez de lui apprendre où faire ses besoins. Vous devez réaliser que vous devrez commencer lentement et établir une routine quotidienne. Votre chiot est dans un nouvel endroit et ce sera une distraction jusqu'à ce que l'endroit lui soit familier. Une fois que l'endroit sera moins excitant, le chiot pourra se concentrer sur l'apprentissage sans autant de distractions.

L'éducation doit vraiment commencer dès que vous ramenez votre chiot à la maison. Au fur et à mesure que votre chiot se familiarise avec son environnement, vous pouvez lui apprendre à entrer dans sa cage. Apprendre à entrer dans la cage sur commande présente des avantages très évidents, surtout lorsque vous devez partir et que vous n'avez pas envie de vous battre avec le chiot. C'est aussi une excellente façon de présenter au chiot les friandises comme récompense afin que le reste de l'éducation se déroule un peu plus facilement.

Vous devez commencer petit. Une fois que votre Corgi aura compris le système de récompenses, l'éducation commencera à être beaucoup plus facile et rapide.

Crédit photo :
Kandace Wilkens

Pourquoi les éducateurs canins ne sont pas toujours nécessaires

Les Corgis aiment faire plaisir à leurs maîtres. Quand ils se comportent mal, c'est presque toujours par ennui. C'est quelque chose que vous pouvez facilement contrôler si vous n'êtes pas absent pendant de longues périodes de la journée. Si vous devez vous absenter pendant longtemps (six heures ou plus), la meilleure façon d'empêcher les chiots Corgis d'être destructeurs est de les garder dans leurs cages lorsque vous êtes absent. Si vous avez des chiens plus âgés, ils constituent un excellent moyen de tenir les Corgis en échec et de les divertir. Bien que vous deviez utiliser la cage au début, même avec un autre chien, avec le temps, le chien plus âgé peut commencer à aider le chiot à passer du temps hors de la cage. Cela doit cependant se faire par petites étapes. Ne laissez pas le chiot rester hors de la cage toute une journée. Si vous avez quelques courses à faire et que vous reviendrez dans environ trente minutes, ce devrait être un bon début avec le chien plus âgé en charge.

En dehors de vous et d'un chien plus âgé, les Corgis n'ont pas vraiment besoin d'éducateurs spéciaux. Si vous n'avez pas le temps de faire l'éducation vous-même, vous devriez envisager un éducateur. Cependant, si vous allez adopter un chiot Corgi, il est préférable de vous assurer que vous avez le temps de faire l'éducation. L'éducation crée des liens et un respect qui sont inestimables pour réussir si vous souhaitez faire une éducation plus avancée.

Si vous n'avez jamais éduqué un chiot, un cours peut être incroyablement utile pour vous montrer comment procéder. Cependant, il n'est pas vraiment nécessaire d'avoir votre propre éducateur pour vous aider. Votre Corgi veut passer du temps avec vous et veut vous rendre heureux – cela vous donne un avantage distinct en matière d'éducation.

Commandes de base

Il existe tant de choses que vous pouvez apprendre à un Corgi, du rapport d'objets aux prouesses d'agilité, et tout cet apprentissage commence par quelques commandes simples. Avec ces commandes, votre chiot apprendra non seulement à exécuter les actions les plus élémentaires et nécessaires, mais il apprendra également comment apprendre. Une fois que votre chiot maîtrisera ces commandes, les possibilités seront infinies.

Pourquoi leur taille et leur personnalité en font des compagnons idéaux

L'éducation canine est essentielle pour les Corgis. Ils sont incroyablement intelligents, ce qui signifie qu'ils doivent être éduqués pour devenir de bons compagnons. Lorsqu'ils sont correctement éduqués, ils peuvent être parmi les meilleurs compagnons car ils peuvent vous accompagner partout. Si un Corgi est bien éduqué, les personnes autour de vous apprécieront également sa présence, car les Corgis sont réputés pour leur côté enjoué et énergique. Ils ont tendance à aimer tout le monde et adorent jouer. Comme ils peuvent vous accompagner pratiquement partout, l'éducation portera rapidement ses fruits lorsque vous et votre meilleur ami partagerez des aventures mémorables. Si votre Corgi n'est pas éduqué, il sera beaucoup plus difficile de l'emmener avec vous, car il risque d'aboyer excessivement et de détruire des objets partout où vous allez.

Choisir la bonne récompense

L'un des aspects les plus intéressants lorsqu'on possède un Corgi est de déterminer la récompense appropriée. Vous souhaitez limiter les friandises, mais cela ne devrait pas poser de problème avec un Corgi puisqu'il existe tant d'autres choses qui peuvent le motiver. Les friandises peuvent être un bon point de départ, mais vous devrez rapidement passer à un renforcement secondaire. Les félicitations, du temps de jeu supplémentaire et des caresses sont d'excellentes récompenses pour les Corgis, car ils sont sensibles à vos réactions et à vos émotions.

Si vous commencez à gagner le respect de votre Corgi, cela peut également vous aider à l'éduquer. Ce respect ne sera pas présent lorsque vous commencerez les commandes de base, mais après quelques semaines, vous verrez comment il motive votre Corgi à faire ce que vous demandez. À la fin de chaque séance, accordez à votre chiot une atten-

Crédit photo :
Kandace Wilkens

tion supplémentaire ou une belle promenade pour lui montrer à quel point vous êtes satisfait des progrès réalisés.

Une éducation réussie

L'éducation consiste à apprendre les commandes. Si votre Corgi apprend à répondre uniquement aux récompenses (comme le chien qui s'assoit dès que vous avez une friandise dans la main), l'éducation n'a pas été réussie.

Le respect est généralement la clé pour être un bon éducateur. En travaillant ensemble, votre Corgi apprendra à vous respecter (tant que vous restez cohérent et ferme). N'attendez pas de respect dans les premiers jours d'apprentissage, car votre relation avec votre chiot n'est pas encore assez développée et il est trop jeune pour comprendre. Heureusement, l'intelligence du Corgi se manifestera rapidement, ce qui vous permettra de voir quand votre chiot commence à répondre à votre réaction plutôt qu'à la simple récompense. C'est le moment où vous pouvez commencer à passer à des récompenses ludiques plutôt qu'à celles centrées sur les friandises et la nourriture.

Même au début, vous devez faire en sorte que la manipulation et les caresses fassent partie de la récompense. Bientôt, votre Corgi comprendra que les friandises et les caresses sont toutes deux des récompenses. Cela facilitera la transition des friandises vers un système de récompense davantage basé sur l'attention. Associer la manipulation et les caresses à quelque chose d'agréable encouragera également votre chiot à considérer le jeu comme une excellente récompense. Peu importe à quel point il aime manger, être diverti et jouer avec vous sera une récompense bienvenue, car cela signifie que le chiot n'est ni seul ni ennuyé.

Commandes de base

Pour les Corgis, il existe cinq commandes de base que vous devez enseigner, et une supplémentaire que vous voudrez probablement commencer à apprendre à votre chiot. Ces commandes sont la base d'une relation heureuse et agréable, car votre Corgi apprend à se comporter correctement. Lorsqu'il aura assimilé ces commandes, l'objectif de l'éducation sera clair pour votre Corgi. Cela facilitera grandement l'apprentissage de concepts plus complexes.

Vous devriez enseigner ces commandes dans l'ordre indiqué. « Assis » est une commande basique, et quelque chose que les chiens font déjà naturellement ; ils doivent simplement apprendre à le faire sur commande. Enseigner « laisse » et comment aboyer moins sont des commandes difficiles qui vont à l'encontre des instincts et des désirs de votre Corgi. Elles prendront plus de temps que les autres, donc vous voulez avoir déjà mis en place les bases nécessaires pour augmenter vos chances de succès.

Voici quelques conseils de base à suivre pendant l'éducation :

- Tous les membres du foyer devraient participer à l'éducation du Corgi, car il doit apprendre à écouter tout le monde, pas seulement une ou deux personnes.
- Pour commencer, choisissez un endroit où vous et votre chiot n'avez aucune distraction, y compris le bruit. Laissez votre téléphone et autres appareils hors de portée afin de garder votre attention sur le chiot.
- Restez joyeux et enthousiaste pendant l'apprentissage. Votre chiot percevra votre enthousiasme et se concentrera mieux grâce à cela.
- Commencez à enseigner « assis » lorsque votre chiot a environ huit semaines.
- Soyez cohérent dans votre enseignement.
- Apportez une friandise spéciale pour les premières séances d'apprentissage, comme du poulet ou du fromage.
- Une fois que vous êtes prêt, vous pouvez commencer à travailler et à créer des liens avec votre adorable petit Corgi.

Assis

Une fois installé dans votre lieu d'apprentissage calme avec la friandise spéciale, commencez l'entraînement. Il est relativement facile d'enseigner cette commande. Attendez que votre chiot commence à s'asseoir et dites « assis » en même temps. Si votre chiot termine de s'asseoir, commencez à le féliciter. Naturellement, cela rendra votre chiot incroyablement excité et remuant, donc il faudra peut-être un certain temps avant qu'il ne veuille s'asseoir à nouveau. Quand

Crédit photo : Jessica Burleski

le moment viendra et que le chiot recommencera à s'asseoir, répétez le processus.

Il faudra plus de quelques séances pour que le chiot établisse pleinement le lien entre vos mots et ses actions. En fait, cela pourrait prendre un peu plus d'une semaine. Les Corgis sont intelligents, mais à cet âge, il y a encore tellement à apprendre que le chiot aura du mal à se concentrer. Les commandes sont quelque chose de complètement nouveau. Cependant, une fois que votre chiot comprendra votre intention et maîtrisera « assis », les autres commandes seront plus faciles à enseigner.

Une fois que votre chiot a démontré sa maîtrise de « assis », il est temps de commencer à lui enseigner « couché ».

Couché

Répétez le même processus pour enseigner celle-ci que pour « assis ». Attendez que le chiot commence à se coucher, puis dites le mot. Si le Corgi termine l'action, offrez-lui la récompense choisie.

Cela prendra probablement un peu moins de temps pour enseigner cette commande après avoir commencé.

Attendez que votre chiot ait maîtrisé « couché » avant de passer à « reste ».

Reste

Cette commande va être plus difficile car ce n'est pas quelque chose que votre chiot fait naturellement. Soyez prêt à ce que cela prenne un peu plus de temps pour l'entraîner à celle-ci. Il est également important que votre chien s'assoie et se couche systématiquement sur commande avant de commencer à lui enseigner « reste ».

Choisissez d'utiliser la commande « assis » ou « couché » pour commencer, puis soyez cohérent. Une fois que votre chien comprend « reste » pour l'une des positions, vous pouvez l'entraîner à rester dans l'autre position. Assurez-vous simplement que la première position est maîtrisée avant d'essayer la seconde.

Donnez à votre chiot la commande « assis » ou « couché ». Ce faisant, placez votre main devant le visage du chiot. Attendez que le chiot cesse d'essayer de vous lécher avant de continuer.

Lorsque le chiot se calme, faites un pas en arrière. Si votre chiot ne bouge pas, dites « reste » et donnez-lui la friandise et quelques félicitations pour être resté en place.

Donner la récompense à votre chiot indique que la commande est terminée, mais le chiot doit également apprendre à rester jusqu'à ce que vous lui disiez qu'il peut quitter sa place. Une fois que vous donnez l'autorisation de bouger, ne donnez pas de friandises. « Viens » ne doit pas être utilisé comme mot de libération car c'est une commande utilisée pour autre chose.

Répétez les étapes, en vous éloignant davantage du chiot après une commande réussie.

Une fois que votre chiot comprend « reste » lorsque vous vous éloignez, commencez à l'entraîner à « rester » même si vous ne bougez pas. Prolongez le temps nécessaire pour que le chiot reste à un endroit jusqu'à ce qu'il comprenne que « reste » se termine par la commande de libération.

Lorsque vous sentez que votre chiot a maîtrisé « reste », commencez à l'entraîner à « viens ».

Viens

C'est la dernière de la série de commandes, car vous ne pouvez pas l'enseigner tant que le chiot n'a pas appris les commandes précédentes.

Avant de commencer, décidez si vous voulez utiliser « viens » ou « au pied » pour la commande. Vous devrez être cohérent dans les mots que

Crédit photo :
Jessi Hall

vous utilisez, alors assurez-vous de planifier pour que vous (et les autres membres de la famille) utilisiez intentionnellement la bonne commande à chaque fois.

Mettez le chiot en laisse.

Dites au chiot de « rester ». Éloignez-vous du chiot.

Dites la commande que vous utiliserez pour « viens » et tirez doucement sur la laisse vers vous. Tant que vous n'avez pas utilisé ce terme pour indiquer que la commande « reste » était terminée, votre chiot commencera à comprendre l'objectif de votre nouvelle commande. Si vous avez utilisé ce terme pour indiquer la fin de « reste », cela confondra votre chiot car il associera la commande à la possibilité de se déplacer librement.

Répétez ces étapes, en augmentant la distance entre vous et le chiot. Une fois que le chiot semble comprendre, retirez la laisse et recommencez à une distance proche. Si votre chiot ne semble pas comprendre la commande, donnez quelques indices visuels sur ce que vous voulez. Par exemple, vous pouvez tapoter votre jambe ou claquer des doigts. Dès que votre chiot vient vers vous, offrez une récompense.

Laisse

Ce sera l'une des commandes les plus difficiles que vous enseignerez à votre chiot car elle va à l'encontre des instincts et des intérêts du Corgi. Votre chiot veut garder tout ce qu'il a, vous allez donc devoir proposer quelque chose de mieux. Il est essentiel de l'enseigner tôt, car votre Corgi sera très destructeur dans les premiers jours. Vous voulez mettre en place le déclencheur pour convaincre le chiot de lâcher les objets.

Vous devrez peut-être commencer à enseigner cela en dehors de la zone d'entraînement, car le point de départ est différent.

Commencez lorsque vous avez du temps à consacrer à la leçon. Vous devez attendre que le chiot ait quelque chose dans la gueule à lâcher. Les jouets sont généralement préférables. Offrez au chiot une friandise spéciale. Lorsque le Corgi lâche le jouet, dites « laisse », et donnez-lui la friandise.

Ce sera l'une de ces rares occasions où vous devez utiliser une friandise alimentaire, car votre chiot a besoin de quelque chose de convaincant pour décider de lâcher le jouet. Pour l'instant, votre chiot a besoin de l'incitation de quelque chose de plus tentant que ce qu'il a déjà pour apprendre la commande.

Ce sera l'une des deux commandes qui prendront le plus de temps à enseigner (« reste » étant l'autre). Soyez prêt à être patient avec votre chiot. Une fois que votre chiot comprend, commencez à enseigner « laisse » avec de la nourriture. C'est incroyablement important car cela pourrait sauver la vie de votre Corgi. Il est susceptible de se jeter sur des choses qui ressemblent à de la nourriture lorsque vous êtes en promenade, et étant si près du sol, il va probablement voir beaucoup de choses ressemblant à de la nourriture bien avant vous. Cette commande lui apprend à lâcher ce qu'il est en train de mâcher avant de l'ingérer.

Silence

Au début, vous pouvez également utiliser des friandises avec parcimonie pour renforcer « silence ». Si votre chiot aboie sans raison apparente, dites-lui de se taire et placez une friandise devant lui. Il est presque garanti que le chien se taira pour renifler la friandise ; dans ce cas, dites « silence » ou « chut ». Il ne faudra pas longtemps à votre chiot pour comprendre que « silence » signifie ne pas aboyer. Cependant, il faudra peut-être un certain temps pour que votre chiot apprenne à combattre l'envie d'aboyer. Soyez patient avec votre chiot car il est difficile d'arrêter de faire quelque chose qui lui vient naturellement. Combien de temps vous a-t-il fallu pour apprendre à vous lever tôt le matin ou à vous coucher à une certaine heure ? C'est similaire pour un Corgi d'apprendre à ne pas aboyer.

Et maintenant ?

Ce sont toutes les commandes dont vous aurez vraiment besoin avec votre Corgi. Cependant, si vous voulez que votre Corgi fasse des tours, vous pouvez aller pratiquement n'importe où à partir de là. Ces commandes sont le fondement de l'éducation, et les Corgis sont capables d'apprendre beaucoup plus. Assurez-vous simplement que les tours que vous enseignez ne sont pas trop stressants pour votre chiot. À mesure que votre chiot grandit, vous pouvez commencer à enseigner des tours qui mettent en valeur son agilité. « Rapporte » et d'autres tours interactifs seront idéaux car votre Corgi voudra les faire.

CHAPITRE 14

Nutrition

Tout comme votre propre alimentation est importante, ce que mange votre Corgi joue un rôle majeur dans sa santé et son niveau d'énergie. Avec les Corgis, vous devez être particulièrement vigilant car ils sont très agiles et intelligents. Vous devez vous assurer que votre Corgi ne puisse pas accéder à de la nourriture qui ne lui est pas destinée. Cela signifie qu'il ne faut pas laisser d'aliments à portée de votre Corgi (et ces endroits sont bien plus nombreux que vous ne pourriez le penser).

Tout en veillant à ce qu'il ne mange pas ce qu'il ne devrait pas, vous devez également vous assurer que votre Corgi bénéficie d'une alimenta-

Crédit photo :
Liza Gagne

tion équilibrée. Cela lui permettra de rester heureux et énergique jusqu'à un âge avancé.

Pourquoi une alimentation saine est importante

Les Corgis sont une race relativement énergique (surtout pour leur taille). Leur petite stature peut rendre leur exercice plus facile que pour de nombreux chiens de travail de grande taille, mais ils nécessitent tout de même beaucoup plus d'activité que la moyenne des chiens. Avec le rythme de vie effréné de la plupart des gens, il peut être difficile de sortir et de faire de l'exercice avec votre Corgi tous les jours. Une alimentation saine et équilibrée est essentielle pour éviter que votre compagnon ne prenne du poids superflu, ce qui serait très préjudiciable à sa santé.

Vous devez être attentif aux habitudes alimentaires de votre Corgi et veiller à ce que sa nourriture fasse partie d'un régime équilibré (avec une friandise occasionnelle). Prêtez attention au nombre de calories des aliments que vous achetez ou préparez, et assurez-vous que les vitamines et nutriments les plus importants font partie de l'alimentation régulière de votre Corgi.

Crédit photo :
Dawn Blanchard

Nourriture commerciale

La nourriture commerciale pour chiens présente d'incroyables la-cunes. En tant qu'aliment entièrement transformé, elle ne sera pas aussi saine pour votre Corgi que la nourriture que vous préparez vous-même. Votre chien ne pourra pas non plus assimiler tous les nutriments conte-nus dans la nourriture commerciale. Cependant, beaucoup de per-sonnes n'ont pas le temps de préparer de bons repas même pour elles-mêmes – cuisiner en plus pour votre chien peut sembler une tâche im-possible à ajouter à votre journée.

Si vous lisez l'étiquette et achetez l'une des nourritures premium pour chiens, vous pouvez donner à votre Corgi une alimentation qui cor-respond mieux à ses besoins. Vous pouvez ajouter quelques extras à l'alimentation commerciale quotidienne de votre chien pour compléter les nutriments qui vous semblent manquants. Un peu de nourriture faite maison chaque jour sera également un ajout extrêmement apprécié par votre Corgi.

Préparer votre nourriture naturellement à la maison

La nourriture faite maison peut vous prendre cinq à dix minutes sup-plémentaires par jour, mais cela en vaut la peine. Vous pouvez même la préparer avec les mêmes ingrédients que ceux que vous utilisez pour votre propre repas. Bien que les besoins alimentaires de votre Corgi soient différents des vôtres, vous pouvez mélanger une partie de votre nourriture avec celle de votre Corgi (en gardant à l'esprit de ne pas ajou-ter les aliments potentiellement mortels pour votre chien – consultez le chapitre 5 pour la liste de ce qu'il ne faut pas donner à votre Corgi).

Bien qu'il ne soit pas recommandé de nourrir votre chien avant vous (le leader de la meute mange toujours en premier), vous pouvez laisser la nourriture sur le comptoir ou sur la cuisinière à mijoter, puis nourrir votre compagnon lorsque vous avez terminé. Les meilleurs repas faits maison doivent être planifiés pour que vous sachiez que votre chien re-çoit les bons nutriments.

Généralement, 50 pour cent de la nourriture de votre chien devrait être composée de protéines animales, comme les poissons gras, la vo-laille et les abats. Un quart de la nourriture devrait contenir des glucides complexes, et le quart restant devrait être composé de légumes et de fruits. La citrouille, les pommes, les bananes et les haricots verts sont d'excellents aliments pour les chiens qui ont également une odeur que votre Corgi est susceptible d'adorer. Ils peuvent aussi aider votre chien à se sentir rassasié plus rapidement afin qu'il soit moins enclin à trop manger.

Nourriture pour chiot vs. nourriture humaine

Si vous prévoyez d'adopter (ou avez déjà) un chiot Corgi mais savez que vous n'aurez pas le temps de cuisiner, assurez-vous d'acheter de la nourriture spécifiquement conçue pour les chiots. Ne donnez pas au chiot de la nourriture humaine en pensant que ce sera acceptable pour le moment – car ce ne sera pas le cas. Votre Corgi pensera qu'il devrait recevoir de la nourriture de votre assiette ou de la cuisine et risque plus tard de refuser de manger de la nourriture pour chien. C'est un terrible précédent à établir lorsque votre chien est jeune.

Il est préférable de préparer la nourriture de votre chiot si vous le pouvez. Son corps a des besoins particuliers pendant sa croissance, et les premiers mois sont particulièrement critiques. Si vous pouvez préparer la nourriture de votre chiot pendant la première année environ, puis passer à la nourriture commerciale pour chiens, ce sera très bénéfique pour votre Corgi. Ce sera également un peu plus doux pour votre portefeuille.

Régime, exercice et obésité

Les chiens ne suivent pas de régime comme les humains. Vous devez établir un horaire de repas régulier et vous y tenir. Si vous faites des friandises et des collations une partie régulière de l'alimentation de votre Corgi, soyez certain que votre Corgi s'y attendra tous les jours. C'est une terrible habitude à prendre avec n'importe quel chien, mais c'est particulièrement dangereux pour les Corgis.

Au lieu de donner des friandises à votre compagnon, passez un peu plus de temps à lui montrer de l'affection. Lorsque vous vous asseyez pour regarder la télévision, laissez votre Corgi s'asseoir à côté de vous (si vous avez une politique « pas de chiens sur le canapé », asseyez-vous par terre avec votre Corgi). Sortez et lancez une balle à votre Corgi. Faites une promenade supplémentaire.

Votre Corgi a besoin d'une alimentation équilibrée et d'exercices fréquents. Ce n'est pas seulement plus sain pour votre Corgi, c'est aussi meilleur pour vous. Sans suffisamment d'exercice, votre chien aura tendance à devenir obèse, ce qui constituera un problème sérieux plus tard

Crédit photo :
Cindy Duwe

dans sa vie. Habituez-vous à considérer l'exercice et le jeu comme un système de récompense plutôt que les friandises. Cela finit par être bien plus avantageux pour vous deux.

Mise en garde contre la suralimentation et les besoins caloriques appropriés

Vous devez être très attentif au poids de votre Corgi, particulièrement une fois que votre chiot devient adulte. Les Corgis adorent manger, et vous serez tenté de céder et de donner de la nourriture à votre chien de temps en temps. Cependant, ce n'est pas une récompense pour votre Corgi – c'est un danger. Il est préférable de maintenir votre chien à un régime alimentaire sain.

Vous pouvez vérifier régulièrement le poids de votre Corgi pour vous assurer qu'il ne devient pas excessif. Comme les Corgis sont petits, vous pouvez utiliser votre propre balance pour les peser. Prenez délicatement votre Corgi dans vos bras et montez sur la balance. Soustrayez votre poids, et vous obtiendrez le poids de votre Corgi. Soyez honnête concernant votre propre poids cependant – n'attribuez pas votre excès de poids à votre chien !

Compter les calories peut prendre du temps, mais vous devriez avoir une idée du nombre de calories que votre chien consomme chaque jour.

Le toilettage – Un moment de complicité productif

L'une des choses que les gens adorent chez les Corgis (en plus de leur personnalité fantastique et leur volonté d'essayer de nouvelles aventures) est la facilité d'entretien de leur pelage. Au fil des siècles, leur poil est devenu essentiellement résistant à la saleté, ce qui rend leur toilettage incroyablement simple.

Cependant, ils perdent énormément de poils. Bien que leur pelage nécessite très peu d'attention, si vous ne voulez pas que des monticules de poils de Corgi envahissent votre maison, vous devrez intégrer un toilettage régulier à votre routine.

Considérez le toilettage comme un moyen de créer des liens avec votre Corgi. Vous passerez du temps supplémentaire à caresser et prendre soin de votre chien, renforçant ainsi votre statut de dominant et réduisant votre niveau de stress.

Voici quelques autres conseils de toilettage que vous devriez connaître pour prendre soin correctement de votre adorable compagnon jusqu'à ses vieux jours.

Entretenir le pelage de votre Corgi

Brosser votre Corgi peut être une excellente façon de créer des liens avec lui et vous offre un moment privilégié ensemble. Votre chien adorera cette attention régulière, et vous apprécierez ce temps passé simplement en sa compagnie. Comme les Corgis sont si petits, vous n'aurez pas besoin de consacrer plus de quelques minutes au brossage.

La période du chiot

Les chiots prendront un peu plus de temps à brosser car ils ne resteront probablement pas en place. Ils voudront jouer, mordiller et généralement faire tout autre chose. C'est tout à fait adorable, mais si vous brossez votre chien chaque semaine, cela signifie que vous devrez prévoir plus de temps que vous ne l'auriez initialement pensé. Vous pouvez brosser votre chiot lorsqu'il est trop fatigué pour faire des bêtises ou uti-

Crédit photo :
Betsy Ellsworth

liser ce moment comme partie de son apprentissage au calme. Veillez à ne pas encourager un comportement turbulent pendant le brossage, car il sera difficile d'apprendre à votre Corgi adulte que ce comportement n'est pas acceptable.

L'âge adulte

Il est préférable de brosser votre Corgi au moins une fois par semaine pour limiter la perte de poils. Pendant le printemps et l'été, lorsque votre Corgi perd plus de poils que d'habitude, vous pourriez augmenter la fréquence à trois ou quatre fois par semaine.

Vous ne devriez donner un bain à votre Corgi qu'environ une fois par trimestre (ou même deux fois par an). Ils possèdent des huiles spéciales dans leur fourrure qui repoussent la saleté, et si vous baignez votre Corgi trop souvent, cela éliminera ces huiles. À moins que votre Corgi ne se roule dans quelque chose de désagréable, un bain occasionnel devrait suffire pour garder votre fidèle compagnon propre.

Le bain : Attention aux oreilles et aux shampooings

Les bains ne seront pas une tâche fréquente, ce qui est une bonne chose étant donné que votre chien n'aimera probablement pas cela. Assurez-vous d'utiliser un shampooing adapté pour votre Corgi. Cependant, quel que soit le type de shampooing que vous utilisez, ne laissez pas le produit pénétrer dans les oreilles de votre Corgi.

Profitez de ce moment pour vérifier les oreilles de votre Corgi à la recherche d'infection, et assurez-vous également qu'elles restent sèches après le bain. Ce sera un peu délicat, alors soyez prudent.

Si de l'eau pénètre dans les oreilles de votre Corgi, vous devrez les surveiller pendant plusieurs jours après pour vous assurer qu'elles ne s'infectent pas.

La coupe des griffes

C'est probablement la tâche qui vous causera le plus de difficultés, mais si votre Corgi vous respecte, il ne sera pas trop difficile de lui apprendre à rester immobile pour la coupe des griffes.

Vous devrez probablement couper les griffes du chiot une fois par semaine. Il ne marchera ou ne courra pas aussi souvent sur des surfaces dures, donc ses griffes ne s'useront pas naturellement.

Pour les adultes, prévoyez de vérifier les griffes mensuellement. Si les griffes s'usent naturellement (en marchant sur du béton et d'autres surfaces dures à l'extérieur), vous n'aurez pas besoin de les couper.

Le brossage des dents

Vous devriez brosser les dents de votre Corgi environ une fois par mois, de son plus jeune âge jusqu'à ses vieux jours. Cela aide non seulement à garder les dents de votre chien propres et en bonne santé, mais favorise aussi une haleine plus fraîche. Si vous remarquez que la plaque

Crédit photo :
Elizabeth Schiavello

dentaire et le tartre s'accumulent rapidement, vous pouvez augmenter la fréquence de brossage des dents de votre chien.

Le nettoyage des oreilles et des yeux

Vous devrez prendre particulièrement soin des oreilles de votre Corgi. Au moins une fois par mois, vous devriez vérifier les oreilles de votre chien pour détecter l'accumulation de cérumen, une infection ou d'autres problèmes potentiels. Utilisez une boule de coton avec un nettoyant approuvé par votre vétérinaire pour nettoyer délicatement les oreilles. Vous ne devez pas essayer d'aller trop profondément.

N'utilisez jamais de coton-tige pour nettoyer les oreilles de votre Corgi. Cela pourrait sérieusement endommager le conduit auditif.

Les Corgis n'ont généralement pas beaucoup de problèmes avec leurs yeux, mais vous devriez quand même vérifier que votre Corgi n'a pas accumulé trop de saleté après une aventure en plein air. Si vous constatez que de la saleté est entrée dans les yeux de votre chien, vous pouvez utiliser un collyre approuvé par votre vétérinaire. En général, si le pelage de votre chien est couvert de saleté, vous devriez vérifier que la poussière et la boue ne sont pas entrées dans ses yeux.

CHAPITRE 16

Soins de santé de base

Les Corgis sont très appréciés pour leur petite taille et leur formidable personnalité, mais l'une des qualités qui en fait d'excellents chiens de travail est leur robustesse, leur résistance et leur bonne santé. Si vous prenez soin de votre Corgi, vous aurez un compagnon pour de nombreuses années. Vous devez toutefois rester vigilant, car il est probable que votre Corgi ne se rende pas compte lorsqu'il s'est blessé. Il est trop concentré sur ses aventures et sur le plaisir de passer du temps avec vous.

Au-delà de veiller à ce que votre Corgi ne se surmène pas, vous devez effectuer quelques soins préventifs de base pour éviter les problèmes facilement évitables. Beaucoup de ces traitements et préoccupations sont universels dans le monde canin, donc si vous avez d'autres chiens, vous connaissez probablement déjà la plupart de ces conseils. Considérez ce chapitre comme un rappel que vous devez maintenir ces soins

Crédit photo :
Elizabeth Schiavello

pour votre Corgi (et n'oubliez pas d'inclure ces traitements et suivis dans votre budget).

Puces et tiques

Les Corgis adorent être actifs, et même si vous pouvez souvent sortir sans aller dans des zones susceptibles d'abriter des puces et des tiques, il est toujours préférable de pécher par excès de prudence et de vérifier votre chien. Si votre Corgi aime gambader dans les hautes herbes ou dans les bois, vous devez absolument vous assurer qu'il n'y a pas d'interruption dans ses traitements préventifs.

Comme vous ne baignerez pas souvent votre Corgi, vous devrez l'examiner pour détecter les tiques après une promenade en forêt. Assurez-vous de faire votre brossage hebdomadaire après être passé par la forêt ou des endroits où votre Corgi pourrait attraper des tiques. Passez le peigne dans le poil de votre Corgi, en cherchant les tiques dans la fourrure et celles attachées à la peau. Puisque vous brosserez régulièrement votre chien, les bosses et autres signes potentiels de tiques seront plus faciles à repérer. De plus, comme votre Corgi est relativement petit, cela ne devrait pas prendre trop de temps pour effectuer cette vérification complète.

Les puces seront un peu plus difficiles à remarquer. La meilleure façon de les chercher est d'effectuer une vérification régulière, par exemple lors de votre brossage hebdomadaire. Si vous remarquez que votre Corgi se gratte plus que d'habitude, vous pouvez commencer à examiner son pelage à la recherche de puces.

Crédit photo :
Cherie Doyle

Même si vous n'allez pas dans des zones susceptibles d'abriter des tiques, la position basse du Corgi fait que les puces représentent une menace constante, car elles peuvent se trouver dans les pelouses et autres espaces verts entretenus. Si vous constatez que votre chien a des puces, vous devrez peut-être passer à un produit antiparasitaire différent.

Si vous préférez une approche plus naturelle pour gérer les puces et les tiques, vous devrez consacrer quelques heures à la recherche d'alternatives. Vous ne devez pas augmenter le nombre de bains de votre Corgi, donc vous devrez vous assurer que le lavage régulier ne fait pas partie des remèdes naturels que vous choisissez. Vous devez également vérifier que le produit est efficace avant de l'acheter ou de le fabriquer.

Vous devrez traiter votre Corgi mensuellement. Créez un rappel sur votre téléphone ou autre appareil pour ne pas manquer l'un de ces traitements.

Vers et parasites

Bien que les vers et autres parasites moins courants ne soient pas susceptibles de poser problème, vous voulez tout de même vous assurer qu'il n'y a pratiquement aucune chance que votre Corgi les contracte. Il existe de nombreux types de vers qui pourraient devenir problématiques :

- Vers du cœur (dirofilariose)
- Ankylostomes
- Ascaris
- Ténias
- Trichocéphales

Beaucoup de signes de ces parasites sont difficiles à identifier, du moins aux premiers stades. Si votre chien présente l'un des signes suivants, prenez rendez-vous avec votre vétérinaire pour faire vérifier s'il est atteint de l'un de ces différents parasites moins courants :

- Votre Corgi est anormalement léthargique.

- Des plaques de poils commencent à tomber (vous le remarquerez si vous brossez régulièrement votre Corgi) ou si vous constatez des zones irrégulières dans le pelage de votre chien.

- Le ventre de votre Corgi devient distendu (il gonfle et ressemble à un ventre ballonné). Si cela se produit, prenez rendez-vous immédiatement pour le faire examiner.

- Votre chien commence à tousser, à vomir, à avoir de la diarrhée ou perd l'appétit.

N'importe lequel de ces symptômes peut être très révélateur chez cette race énergique, alors prenez rendez-vous dès que vous remarquez l'un de ces changements pour éliminer le problème et retrouver le Corgi en bonne santé que vous souhaitez qu'il soit.

Si votre vétérinaire diagnostique chez votre Corgi des ankylostomes ou des ascaris, vous devrez prendre rendez-vous avec votre médecin pour vous-même. Ces deux types de vers peuvent être contractés par contact cutané, donc si votre chien en a, il est fort probable que vous en ayez aussi. Vous devrez être traité pour vous assurer que vous ne souffrez pas et que vous et votre chien ne continuez pas à les propager dans votre foyer.

La dirofilariose (vers du cœur) est quelque chose que vous devriez activement essayer de prévenir car c'est un parasite potentiellement mortel. Il existe des médicaments qui garantiront que votre chien ne la contracte pas.

Avantages des vétérinaires

Vous devriez consulter le vétérinaire annuellement pour des bilans de santé et des vaccins. Tout comme les humains ont des visites annuelles, les chiens doivent être examinés régulièrement.

Comme c'est un chien très énergique, il est probable que vous remarquiez s'il y a un problème potentiel avec votre Corgi, mais ce n'est pas garanti. Les visites annuelles permettront de s'assurer qu'il n'y a pas quelque chose qui affaiblit lentement votre chien. Les Corgis sont également moins susceptibles que certains chiens de montrer quand ils sont blessés. Un vétérinaire peut identifier quand un Corgi en fait trop ou a une blessure que le Corgi n'a tout simplement pas remarquée. Après tout, si votre Corgi sait que les blessures signifient moins d'aventures et de promenades, il est susceptible de cacher ou d'ignorer une blessure plutôt que de manquer l'occasion de passer du temps avec vous.

Les bilans de santé sont également utiles pour s'assurer que votre chien vieillit bien. S'il y a des symptômes précoces de problèmes chez votre chien vieillissant (comme l'arthrite), vous pourrez commencer à faire des ajustements. Le vétérinaire peut vous aider à trouver de nouvelles façons de gérer la santé de votre Corgi afin que vous n'ayez pas à réduire le temps que vous passez ensemble. Vous devrez peut-être commencer à faire des promenades plus courtes mais plus fréquentes, passer un peu plus de temps à jouer à la maison ou randonner sur des sentiers plus fa-

DAVID Anderson | Le grand livre des Corgis

ciles. Au final, cela vaut la peine de pouvoir maintenir votre Corgi en forme le plus longtemps possible.

Alternatives holistiques

Il est compréhensible que tant de personnes recherchent une approche plus holistique pour prendre soin de leurs animaux de compagnie. Cependant, vous devez consacrer beaucoup de temps à la recherche pour vous assurer que vous ne prenez pas de risques inutiles. Les médecines holistiques non vérifiées peuvent être, au mieux, une perte de temps et d'argent et, au pire, potentiellement dangereuses.

Si vous souhaitez utiliser un traitement holistique pour votre Corgi, demandez l'avis de votre vétérinaire et consultez plusieurs autres experts en Corgi pour voir quel est le consensus avant de commencer. Effectuez vos propres recherches en ligne sur des sites neutres. Lisez ce que les scientifiques ont dit sur ce traitement. Il est possible que les produits que vous achetez en magasin soient en réalité meilleurs que certains médicaments vendus comme holistiques.

Assurez-vous d'être minutieux et de ne prendre aucun risque inutile avec votre Corgi.

Vaccination de votre Corgi

Les Corgis suivent le même calendrier de vaccination que la plupart des autres races.

Les premiers vaccins sont requis entre six et huit semaines après la naissance du Corgi. Vous devriez vous renseigner auprès de l'éleveur pour savoir si ces vaccins ont été effectués et obtenir les registres des vaccinations :

- Coronavirus
- Maladie de Carré
- Hépatite
- Leptospirose
- Parainfluenza
- Parvovirose

Ces mêmes vaccins sont à nouveau requis entre dix et douze semaines d'âge.

Ces mêmes vaccins sont encore requis, ainsi que le premier vaccin contre la rage, entre quatorze et quinze semaines d'âge.

Votre chien devra ensuite recevoir ces vaccins (y compris celui contre la rage) chaque année.

Si vous prévoyez d'utiliser votre Corgi comme chien de ferme ou pour d'autres travaux intensifs, il aura besoin d'autres vaccins. Consultez votre vétérinaire pour savoir ce dont votre Corgi aura besoin en fonction du type de travail qu'il effectuera. Assurez-vous d'obtenir le calendrier d'entretien de ces vaccins.

CHAPITRE 17

Problèmes de santé

Tous les chiens de race pure, y compris les Corgis, sont sujets à des maladies et des problèmes génétiques que vous devez surveiller chez votre chien. Quelle que soit la façon dont vous avez trouvé votre compagnon à quatre pattes, vous pouvez surveiller l'apparition de signes et de symptômes liés aux maladies génétiques courantes chez les Corgis. Si votre chien commence à présenter des signes ou des symptômes de l'une de ces maladies, prenez rendez-vous avec votre vétérinaire pour faire examiner votre Corgi.

Si vous commencez avec un chiot, il existe de nombreuses mesures que vous pouvez prendre pour garantir la santé de votre chien. L'éleveur devrait disposer des dossiers de santé concernant les vaccins et les tests obligatoires. Tous les détails sur les affections génétiques et courantes des Corgis se trouvent dans le Chapitre 4. Connaître la santé des

Crédit photo :
Jennifer Durward

parents est l'un des meilleurs moyens de savoir à quel point votre Corgi sera en bonne santé, mais aucune race n'est parfaite ou exempte de problèmes, peu importe la santé des parents. Si les parents de votre Corgi proviennent d'une lignée où certaines de ces maladies étaient présentes, il y a une possibilité que votre chien présente également ces problèmes, même si ses parents n'en souffraient pas. Vous devriez être conscient de ces problèmes afin de pouvoir surveiller votre Corgi au fil des ans.

Les Corgis sont une race relativement saine, surtout pour une race avec une si longue histoire.

Les erreurs à éviter

Tout chien de race pure doit être testé pour les problèmes génétiques, car cela vous permet de savoir ce que vous devez surveiller et ce que vous pouvez faire si votre chien commence à présenter des problèmes génétiques. Vous devriez toujours être conscient de ces problèmes potentiels afin de pouvoir prendre soin au mieux de votre Corgi.

Régime alimentaire

Probablement la chose la plus simple que vous puissiez faire pour votre Corgi est de vous assurer qu'il ait toujours une alimentation saine et équilibrée ainsi que suffisamment d'exercice. En raison de leur petite taille, les Corgis ne peuvent pas supporter beaucoup de poids supplémentaire sur leur corps.

Ce n'est pas parce que votre Corgi prend du poids que le problème est forcément lié à l'alimentation. L'hypothyroïdie est un autre problème qui pourrait causer une prise de poids chez votre chien. Si votre Corgi prend du poids et que vous êtes certain que ce n'est pas lié à l'alimentation, vous devriez l'emmener chez le vétérinaire pour voir si c'est le problème. La léthargie est un autre signe d'hypothyroïdie.

Si vous veillez à ce que votre chien ait une alimentation saine (avec seulement de rares exceptions ou friandises), il sera plus facile de déterminer si l'hypothyroïdie est le problème, et non une consommation excessive de nourriture.

Exercice

Les Corgis adorent bouger, ce que vous pourriez oublier puisqu'ils aiment aussi simplement être avec vous. Si vous préférez un mode de vie sédentaire, un Corgi n'est pas un bon chien pour vous. Ils ont besoin de plusieurs promenades par jour (ou de quelques très longues promenades). Ils ne nécessiteront pas autant d'activité que les grands chiens de travail (notamment des chiens comme les Huskies, les Dalmatiens et les Bouviers australiens), mais ils exigent tout de même plus d'exercice que presque tous les autres chiens de leur taille. Les Corgis sont peut-être une race de petite taille, mais ils débordent d'énergie.

Si votre Corgi est destructeur après la période de chiot, cela signifie probablement que vous ne lui offrez pas assez d'exercice. Prenez plus de temps pour sortir et marcher, participer à des événements liés aux Corgis, aller dans des parcs à chiens ou faire de la randonnée. Votre Corgi en sera beaucoup plus heureux, et vous perdrez moins d'objets à cause de l'ennui destructeur.

Cependant, la raison la plus importante de faire suffisamment d'exercice avec votre Corgi est qu'un Corgi sédentaire est très susceptible de prendre du poids, un problème que leur morphologie ne peut vraiment pas supporter.

Importance de l'éleveur pour garantir la santé de votre Corgi

Comme les Corgis ont une si longue histoire, les éleveurs devraient déjà connaître beaucoup de choses sur la façon de prendre soin correctement de leurs chiots. Cela inclut les tests. Si vous travaillez avec un éleveur qui fait partie d'une des organisations de Corgis (que ce soit Pembroke ou Cardigan), ils sont tenus d'être honnêtes et transparents concernant les problèmes de santé potentiels. L'histoire de la race est

Crédit photo : Elizabeth Schiavello

bien documentée, donc aucune maladie génétique ne devrait être une surprise pour les nouveaux propriétaires de Corgis.

Si l'éleveur ne peut pas vous fournir une garantie de santé pour votre chiot Corgi, n'achetez pas de chiot chez cet éleveur. Si un éleveur dit qu'un chiot ou une portée doit être gardé dans un endroit isolé pour des raisons de santé, ne travaillez pas avec cet éleveur.

Demandez à l'éleveur de vous parler de l'historique des parents, des types de problèmes de santé qui ont été présents dans la famille, et si l'éleveur a eu des problèmes avec une maladie particulière dans le passé. Si l'éleveur ne vous donne que des réponses brèves ou vagues, c'est un signe que vous pourriez obtenir un Corgi qui aura de graves problèmes de santé plus tard.

Travaillez également avec un éleveur qui prend le temps de parler des problèmes de santé, qui peut vous donner un historique détaillé des parents et des portées précédentes, et qui est disposé à répondre à vos questions.

Maladies et affections courantes

Les Corgis ont quelques affections courantes que vous devriez connaître avant de ramener votre chiot à la maison :

- Dysplasie de la hanche
- Dysplasie rétinienne et membranes pupillaires
- Atrophie rétinienne progressive (ARP)
- Hypothyroïdie
- Cryptorchidie
- Épilepsie
- Problèmes de reproduction
- Myélopathie dégénérative (des tests aideront à détecter ce problème génétique débilitant et incurable)
- Hernie discale intervertébrale (HDIV), qui est associée à leur dos long
- Maladie de von Willebrand (un problème de coagulation sanguine)

Les Cardigans peuvent également présenter les affections suivantes :

- Cataractes, glaucome, luxation du cristallin et anomalies des cils
- Allergies
- Déficit en immunoglobulines (un trouble rare mais grave du système immunitaire)

Beaucoup de ces conditions devraient faire l'objet de tests avant que vous ne rameniez votre chiot à la maison. Si vous adoptez un chien plus âgé et ne pouvez pas obtenir de dossiers de santé pour votre nouveau membre de la famille, vous pouvez l'emmener chez le vétérinaire pour des tests. Des visites régulières chez le vétérinaire vous aideront à détecter tout trouble non génétique, comme les problèmes liés à leur dos long. Votre vétérinaire peut également vous informer lorsque vous nourrissez trop votre chien, ou lorsque le poids devient préoccupant (car il est souvent difficile de voir ce genre de problèmes par vous-même).

Prévention et surveillance

En dehors des problèmes génétiques (que vous devriez connaître grâce à l'éleveur et à l'historique vétérinaire du chiot), le plus grand problème auquel les Corgis sont confrontés est l'obésité. Ils adorent manger et sont suffisamment intelligents pour trouver des moyens d'accéder à de la nourriture auxquels vous n'auriez jamais pensé. S'assurer qu'il ne peut pas accéder à votre nourriture est l'une des meilleures choses que vous puissiez faire pour votre Corgi. Le sortir pour un exercice régulier intense (ou fréquent) en est une autre.

Surveillez votre Corgi pour d'autres problèmes potentiels, car votre chien n'est pas susceptible de les laisser entraver son plaisir. Observez votre Corgi pour détecter les signes de HDIV, une affection qui signifie qu'un des disques vertébraux de votre chien s'est rompu ou qu'il fait saillie. Demandez à votre vétérinaire quels sont les signes indiquant que cela pourrait être un problème (c'est courant chez tous les chiens courts à dos long). Si votre Corgi montre un signe quelconque de problème de disque, emmenez-le immédiatement chez le vétérinaire. Souvent, le repos en cage et des médicaments légers suffiront à traiter les premiers signes. Cependant, si c'est plus grave, une intervention chirurgicale peut être nécessaire.

CHAPITRE 18

Votre Corgi vieillissant

Les Corgis ont une espérance de vie moyenne comprise entre onze et treize ans, vous offrant plus d'une décennie avec votre merveilleux compagnon. À l'âge de neuf ans, votre Corgi est considéré comme un chien senior. Au fur et à mesure que votre Corgi vieillit, vous devrez commencer à faire des ajustements pour l'aider à vieillir sans avoir à renoncer à tant d'activités que vous aimez faire ensemble. Beaucoup de ces adaptations devront être faites en fonction des capacités individuelles de chaque Corgi. Votre chien peut vieillir lentement au début, puis soudainement commencer à montrer son âge en quelques semaines. Vous devrez connaître les limites changeantes de votre chien afin de pouvoir rester actif sans trop le pousser.

Crédit photo :
Betsy Ellsworth

Les Corgis peuvent ralentir, mais ils ne deviennent généralement pas grincheux comme beaucoup d'autres races de petite à moyenne taille. Ils restent dynamiques et amicaux jusque dans leurs vieux jours, ce qui fait qu'il est facile d'oublier qu'ils ne sont tout simplement plus capables de faire ce qu'ils faisaient autrefois. Cela signifie que vous pouvez profiter des dernières années autant que des premières, à la différence que vous n'aurez plus à consacrer autant de temps à l'éducation et aux problèmes de comportement. Vous pourrez plutôt vous détendre et profiter d'une vie plus calme. Il est facile de rendre les années senior incroyablement agréables pour votre Corgi en faisant les ajustements nécessaires qui lui permettent de rester actif sans surmener.

Soins du chien senior

Crédit photo :
Sunny Hanford

Votre Corgi sera beaucoup plus facile à soigner en tant que senior qu'à n'importe quel autre moment de sa vie. Les siestes seront aussi excitantes que les promenades. Dormir à côté de vous pendant que vous regardez quelque chose ou même faire une sieste avec vous est à peu près tout ce qu'il faut pour rendre votre Corgi heureux.

Cependant, vous devez continuer à être vigilant concernant l'alimentation et l'exercice. Ce n'est pas le moment de laisser votre Corgi commencer à manger n'importe quoi ou de négliger vos promenades régulières. Un Corgi senior ne peut pas supporter un excès de poids, vous devez donc veiller à ce qu'il reste en bonne santé même en vieillissant.

Si votre compagnon ne peut plus gérer de longues promenades, rendez-les plus courtes et plus nombreuses, et passez plus de temps à vous amuser dans votre jardin ou votre maison.

En ce qui concerne les objets auxquels votre Corgi aura besoin d'accéder régulièrement, vous devrez apporter quelques modifications à votre configuration actuelle :

- Placez des gamelles d'eau à différents endroits pour que votre chien puisse facilement y accéder selon ses besoins. Si votre Corgi a des problèmes de colonne vertébrale, vous pouvez placer des gamelles d'eau légèrement surélevées dans la maison pour faciliter l'abreuvement.

- Couvrez les surfaces de sol dur (comme le carrelage, le parquet et le vinyle). Utilisez des tapis ou des carpettes qui ne glisseront pas sous les pattes de votre Corgi.

- Ajoutez des coussins et une literie plus douce là où dort votre Corgi. Cela rendra la surface plus confortable et aidera votre Corgi à rester au chaud. Il existe des lits chauffants pour chiens si votre Corgi présente souvent des douleurs articulaires ou musculaires.

- Augmentez la fréquence du brossage de votre Corgi pour améliorer sa circulation. Cela devrait être très agréable pour votre Corgi et compenser d'autres limitations dans vos activités communes.

- Restez à l'intérieur par chaleur ou froid extrêmes. Votre Corgi est robuste, mais son vieux corps canin ne peut plus supporter les changements extrêmes aussi bien qu'avant.

- Utilisez des escaliers ou des rampes pour votre Corgi au lieu de le porter constamment. Soulever votre Corgi peut être plus pratique, mais ce n'est pas sain ni pour lui ni pour vous. Laissez votre chien conserver un peu plus d'autonomie.

- Évitez de changer la disposition de vos meubles, particulièrement si votre Corgi montre des signes de problèmes de vision. Un environnement familier est plus réconfortant et moins stressant. Si votre Corgi ne voit plus aussi clairement, garder la maison familière lui permettra de se déplacer plus facilement sans se blesser.

- Si vous avez des escaliers, envisagez d'aménager un espace où votre chien peut rester sans avoir à les utiliser aussi souvent.

- Créez un espace où votre Corgi peut se détendre avec moins de distractions et de bruits. Votre Corgi ne voudra probablement pas être seul souvent, mais vous devriez avoir un endroit où vous et votre chien âgé pouvez simplement vous détendre sans bruits forts ou surprenants.

- Soyez prêt à laisser sortir votre chien plus souvent pour ses besoins.

Nutrition

Puisqu'une diminution de l'exercice est inévitable pour les Corgis vieillissants, vous devrez ajuster leur alimentation. Si vous optez pour des croquettes commerciales, assurez-vous de passer à une formule senior. Si vous préparez vous-même la nourriture de votre Corgi, prenez le temps de vous renseigner sur la meilleure façon de réduire les calories sans sacrifier le goût. Votre compagnon aura besoin de moins de matières grasses dans son alimentation, vous devrez donc peut-être trouver quelque chose de plus sain mais toujours savoureux pour remplacer les types d'aliments que vous donniez à votre Corgi quand il était chiot ou chien adulte actif.

Exercice

L'exercice sera un peu plus délicat car votre Corgi ne voudra pas admettre que les types d'activités que vous faisiez auparavant sont maintenant trop difficiles. C'est à vous d'ajuster le programme et de garder votre Corgi heureux et actif. Généralement, augmenter le nombre de promenades tout en diminuant leur durée aidera à maintenir votre Corgi aussi actif que nécessaire.

Gardez à l'esprit que votre Corgi est plus susceptible de prendre du poids dans ses dernières années, ce que son corps ne peut vraiment pas supporter. Assurez-vous que l'activité n'est pas trop réduite pour que votre compagnon ne devienne pas obèse.

Ce sera probablement la partie la plus difficile de voir votre Corgi vieillir. Cependant, vous devrez surveiller votre Corgi pour détecter des signes de fatigue ou de douleur afin de pouvoir arrêter l'exercice avant que votre chien n'en fasse trop. Votre rythme devra être plus lent et votre attention davantage portée sur votre chien, mais au final, cela peut être tout aussi gratifiant. Vous remarquerez probablement que votre Corgi passe plus de temps à renifler. Cela pourrait être un signe que votre chien se fatigue, ou bien sa façon de reconnaître que les longues promenades régulières appartiennent au passé et qu'il est prêt à s'arrêter pour profiter davantage des petites choses. C'est une période intéressante qui vous donne l'occasion de mieux comprendre votre Corgi à mesure que les années commencent à se faire sentir.

Stimulation mentale

Contrairement à son corps, l'esprit de votre Corgi sera probablement tout aussi vif et intelligent durant ses vieux jours. Cela signifie que vous pouvez commencer à faire des ajustements pour vous concentrer davantage sur des activités mentalement stimulantes. Vous pouvez commencer à faire de l'éducation pour le plaisir, car votre Corgi sera tout aussi capable d'apprendre maintenant qu'à l'âge d'un an. En fait, ce sera probablement plus facile car votre Corgi a appris à mieux se concentrer.

Votre Corgi sera reconnaissant pour ce changement de centre d'intérêt et cette attention supplémentaire. Offrir de nouveaux jouets à votre Corgi senior est une façon de garder son esprit actif si vous ne souhaitez pas passer du temps à l'éduquer. Vous pouvez alors lui apprendre différents noms pour ses jouets, car c'est quelque chose qui intéressera votre Corgi (après tout, il travaillera toujours pour des félicitations). Quels que soient les jouets que vous choisissez, assurez-vous qu'ils ne sont pas trop durs pour les mâchoires et les dents vieillissantes de votre chien.

Cache-cache est un autre jeu que votre Corgi vieillissant peut gérer avec une relative facilité. Que vous cachiez des jouets ou vous-même, ce peut être un jeu qui garde votre Corgi en éveil.

Examens vétérinaires réguliers

Tout comme les humains consultent plus souvent les médecins en vieillissant, votre Corgi aura besoin de visiter le vétérinaire plus fréquemment. Le vétérinaire peut s'assurer que votre Corgi reste actif sans en faire trop, et qu'il n'y a pas de stress inutile pour votre chien âgé. Si votre compagnon a subi une blessure et vous l'a cachée, votre vétérinaire est plus susceptible de la détecter.

Votre vétérinaire peut également faire des recommandations concernant les activités et les changements à apporter à votre programme en fonction des capacités physiques de votre Corgi et de tout changement de personnalité. Par exemple, si votre Corgi halète davantage maintenant, cela pourrait être un signe de douleur due à la raideur. Votre vétérinaire peut vous aider à déterminer la meilleure façon de garder votre Corgi heureux et actif pendant ses dernières années.

Problèmes de santé courants liés à la vieillesse

Le chapitre 17 couvre les maladies qui sont courantes ou probables chez les Corgis, mais la vieillesse tend à apporter une multitude de maux qui ne sont pas particuliers à une race. Voici les choses à surveiller (et dont il faut parler à votre vétérinaire) :

- Le diabète est probablement la plus grande préoccupation pour une race qui aime autant manger que les Corgis, surtout avec leur petite stature. Bien qu'il soit généralement considéré comme une condition génétique, n'importe quel Corgi peut devenir diabétique s'il n'est pas nourri et exercé correctement. C'est une autre raison pour laquelle il est si important d'être prudent avec l'alimentation et les niveaux d'exercice de votre Corgi.

- L'arthrite est probablement le mal le plus courant dans toutes les races, et les Corgis ne font pas exception. Si votre chien montre des signes de raideur et de douleur après des activités normales, il est très probable qu'il souffre d'arthrite. Parlez avec votre vétérinaire des moyens sûrs pour aider à minimiser la douleur et l'inconfort de cette affection articulaire courante.

- Les maladies des gencives sont également un problème courant chez les chiens âgés, et vous devriez être tout aussi vigilant concer-

Crédit photo :
Elizabeth Schiavello

nant le brossage des dents lorsque votre chien vieillit qu'à tout autre âge. Un contrôle régulier des dents et des gencives de votre Corgi peut aider à s'assurer que ce n'est pas un problème.

- La perte de vision ou la cécité est relativement courante chez les chiens âgés, tout comme chez les humains. Contrairement aux humains, cependant, les chiens ne s'adaptent pas bien aux lunettes. Faites vérifier la vision de votre chien au moins une fois par an, et plus souvent s'il est évident que sa vue baisse.

- Les maladies rénales sont un problème courant chez les chiens âgés, et c'est un problème que vous devriez surveiller plus votre Corgi vieillit. Si votre compagnon boit plus souvent et a régulièrement des accidents, cela pourrait être le signe de quelque chose de plus grave que le simple vieillissement. Si vous remarquez cela, emmenez votre Corgi chez le vétérinaire dès que possible et faites-le examiner pour une maladie rénale.

Profiter des dernières années

Les dernières années de la vie de votre Corgi peuvent être tout aussi agréables (sinon plus) que les étapes précédentes. L'énergie et les activités que vous faisiez auparavant seront remplacées par plus d'attention et de détente qu'à tout autre moment. Avoir enfin votre Corgi suffisamment calme pour simplement rester tranquille et profiter de votre compagnie peut être incroyablement agréable (n'oubliez pas de maintenir ses niveaux d'activité au lieu de devenir trop complaisant avec le nouvel amour de votre Corgi pour le repos et la détente).

Marches et rampes

Les Corgis sont petits, mais cela ne signifie pas que vous devriez les soulever plus souvent à mesure qu'ils vieillissent. Il y a deux bonnes raisons de s'assurer que votre Corgi est capable de se déplacer sans être soulevé.

- Leur longue colonne vertébrale signifie qu'il est moins sûr et sain d'être soulevé fréquemment.

- L'indépendance dans les mouvements est préférable pour vous et votre Corgi. Vous ne voulez pas que votre Corgi s'attende à être soulevé chaque fois qu'il veut monter sur les meubles ou dans la voiture.

Les marches et les rampes sont le meilleur moyen de s'assurer que votre Corgi n'est pas trop choyé (peut-être que « gâté » est un meilleur terme). Cela évite également des contraintes inutiles sur le dos de votre chien.

Profitez des avantages

Les Corgis peuvent être très amusants dans leur vieillesse. Ils sont toujours aussi intelligents, mais ils ont appris à se détendre un peu plus. Leur personnalité changera légèrement, mais généralement cela signifie simplement qu'ils sont plus enclins à vouloir se relaxer avec vous.

Ils font d'excellents chiens de thérapie, vous pouvez donc les emmener dans des endroits où des chiens de thérapie sont nécessaires (particulièrement les maisons de retraite). Cela peut être un excellent moyen de se détendre ou d'évacuer la frustration après une journée longue ou difficile. Les Corgis âgés sont de fantastiques compagnons à retrouver chez soi car ils ne veulent rien de plus qu'être avec vous. Tant que vous êtes là, ils sont heureux. Parfois, c'est tout ce qu'il faut pour transformer une journée désastreuse en quelque chose de supportable.

Ils trouveront les endroits les plus chauds et les plus confortables, et ils voudront que vous les rejoigniez.

Ils sont incroyablement dévoués et seront heureux de simplement partager une courte promenade suivie d'une soirée tranquille à la maison.

À quoi s'attendre d'un Pembroke âgé

Les Pembrokes âgés sont tout aussi amicaux qu'ils l'ont toujours été, ils ont simplement des limitations auxquelles ils ne sont pas habitués. Aidez votre Pembroke à s'adapter à ces limitations et assurez-vous qu'il sache que vous êtes toujours là autant qu'avant afin qu'il ressente moins de stress. Votre bonheur reste d'une importance capitale, alors assurez-vous de faire savoir à votre Pembroke que vous ressentez la même chose pour lui que vous avez toujours ressentie. L'inclusion est incroyablement importante.

À quoi s'attendre d'un Cardigan âgé

Les Cardigans sont plus susceptibles de montrer un comportement grincheux et sont plus enclins à la paresse si vous ne les faites pas exercer. Comme ils sont plus enclins à être détendus tout au long de leur vie, la transition ne sera pas aussi difficile. Vous devrez peut-être leur donner un espace à eux si vous avez de la compagnie, car ils pourraient ne pas supporter le bruit supplémentaire aussi bien que leurs homologues Pembroke.

www.ingramcontent.com/pod-product-compliance
Lightning Source LLC
Chambersburg PA
CBHW051207120626
46547CB00013B/1247